ANASTASIA UMRIK

Du bist in einer Krise. Herzlichen Glückwunsch

Jetzt wird alles gut!

FISCHER Taschenbuch

Einige Namen wurden verändert.

Aus Verantwortung für die Umwelt hat sich der S. Fischer Verlag zu einer nachhaltigen Buchproduktion verpflichtet. Der bewusste Umgang mit unseren Ressourcen, der Schutz unseres Klimas und der Natur gehören zu unseren obersten Unternehmenszielen.

Gemeinsam mit unseren Partnern und Lieferanten setzen wir uns für eine klimaneutrale Buchproduktion ein, die den Erwerb von Klimazertifikaten zur Kompensation des CO_2-Ausstoßes einschließt.

Weitere Informationen finden Sie unter: www.klimaneutralerverlag.de

Erschienen bei FISCHER Taschenbuch
Frankfurt am Main, November 2021

© 2021 S. Fischer Verlag GmbH,
Hedderichstr. 114, D-60596 Frankfurt am Main

Satz: Pinkuin Satz und Datentechnik, Berlin
Druck und Bindung: CPI books GmbH, Leck
Printed in Germany
ISBN 978-3-596-70676-1

Nun, da meine Scheune heruntergebrannt ist,
kann ich den Mond sehen.

(AUS TIBET)

INHALT

»ICH GLAUB', ICH BIN DA IN ETWAS HINEINGERATEN!«

Wenn du dieses Buch in Händen hältst, dann spürst du höchstwahrscheinlich, dass du etwas in deinem Leben verändern musst. Es fühlt sich an, als würdest du aus deiner eigenen Haut hinauswachsen, und ein Teil von dir will das unbedingt, ein anderer Teil, ein viel stärkerer, will das um jeden Preis verhindert wissen, denn er hat keine große Lust auf Veränderung. Gerade lief doch endlich alles so gut, so entspannt. Das kann ich so gut nachempfinden!

Aber du ahnst, dass es keinen Weg zurück gibt, auch wenn eine ganz leise Stimme in dir noch immer die Hoffnung hat: Vielleicht geht das alles doch noch glimpflich an mir vorbei.

Denn bislang streifte die kleine Krise dich nur sanft mit den Fingerspitzen, ließ dich aber ansonsten weitestgehend in Ruhe.

»Bitte lass es dabei bleiben!«, flehst du alles an, was sich anflehen lässt, und erhältst lediglich ein müdes Lächeln als Antwort. Vielleicht musst du nur genügend schlafen, gesund essen, Sport treiben, dich einmal so richtig erholen. Na gut, denkst du, ich werde ein, zwei Monate lang jeden Tag meditieren, aber dann soll es auch gut gewesen sein! Dann muss »es« wieder laufen.

Mit »es« meine ich das Leben. Das Leben, so wie das Leben zu sein hat. Ein unkompliziertes Leben ohne große Hindernisse. Natürlich nimmst du dein Inneres wahr – dein Bauch, dein Herz und dein Hirn sind im Einklang –, und weil das so ist und du keine Widersprüche vernommen hast, musstest du auch nichts verändern. Bis jetzt.

Noch eben, so scheint es, war alles gut, und heute – so plötzlich, so aus dem Nichts heraus – steht dein Leben unter dem unbekannten Stern des Chaos. Gestern hast du deinen Kopf in den Nacken gelegt und mit einem schallenden Lachen den großen Raum gefüllt, andere Menschen in deinen Bann gerissen, sie dazu animiert, mitzulachen. Gestern noch dachtest du, was für ein Vollidiot dein Arbeitskollege ist, der schon mit der Salatbar in der Firmenkantine überfordert ist und sich nicht entscheiden kann, worauf er Appetit hat.

»Wie kann man bloß beim Anblick von Tomaten so ein Heckmeck veranstalten?!«, hast du dich kopfschüttelnd gefragt. Du hast über all diejenigen geschmunzelt, die morgens Probleme haben aufzustehen, die sich nicht entscheiden können. Die herumeiern und aus jeder Mücke einen Elefanten machen. In allem ein Problem sehen, immer am Zweifeln und überhaupt dem Drama vollkommen verfallen sind.

Du bist anders. Eigentlich. Bis heute gewesen. Denn jetzt stehst du selbst mit leerem Blick im Raum und weißt weder, was du willst, noch, wer du bist.

Natürlich lief auch bei dir nicht immer alles vollkommen nach Plan, doch damit konntest du umgehen. Hier und da eine mehr oder minder schmerzvolle Trennung, der Umzug in die neue Stadt, die beste Freundin, die sich stark verändert hat. Ja, all das kommt dir bekannt vor. Du kennst die tiefe

Traurigkeit in dir und den starken Abschiedsschmerz, wenn Menschen oder Dinge dich ohne Vorwarnung verlassen haben. Und bisher warst du auch stark genug, um das alles ohne sichtbare Spuren hinter dich zu bringen. Bisher ging alles gut.

Doch das, was du jetzt fühlst, das hattest du noch nicht in dieser Intensität. Du spürst es körperlich, die Schwere liegt mit einem unsichtbaren Gewicht auf deinen Schultern und wirft Schatten unter deine Augen. Du bist müde. So unendlich erschöpft!

Auf nur wenige Fragen hast du aktuell eine Antwort, doch eins siehst du jetzt glasklar: Eine riesige Welle rast auf dich zu, und du weißt nicht, wie du – wenn sie dich erreicht – wieder an die Wasseroberfläche kommen sollst. Das hast du nicht gelernt. Und das macht dir riesige Angst.

Plötzlich fühlst du dich wie dein Kollege an der Salatbar und hast eine Menge Mitgefühl mit ihm und allen anderen, die du so oft für ihre Dramen belächelt hast. Du verstehst auf einmal so vieles, und gleichzeitig verstehst du – nichts.

Bislang war es dir fremd, keine adäquaten Entscheidungen treffen zu können, hin- und hergerissen zu sein und dich über Nichtigkeiten aufzuregen. Du bist der Typ Mensch, der schnell, geradlinig, unauffällig und verbindlich ist. Auf den alle sich verlassen können. Auch du selbst. Du fragst dich, wie das alles so schnell kippen konnte und warum du nun um Fassung ringen musst. An welchem Punkt in deinem Leben du vergessen hast, dem Drama eine klare Absage zu erteilen. Warum bloß passiert dir der ganze Mist gerade?!

Wahrscheinlich möchtest du von mir Antworten und Theorien hören, wie du dahin gelangen konntest. Du möchtest, dass ich dir sage, dass es ein leichtes Spiel ist, dein Leben wieder in Ordnung zu bringen, und dass es für jedes deiner verwirrenden Gefühle eine sinnvolle Erklärung gibt. Die Wahrheit ist jedoch: Ich weiß es nicht.

Und, ob du es glaubst oder nicht, so wie dir (und deinem Arbeitskollegen an der Salatbar) geht es sehr, sehr vielen Menschen. Sie sind unterschiedlich alt, haben verschiedene Jobs, sind arm oder reich, dick oder dünn, weiß oder schwarz, sie lassen sich nicht in eine Schublade stecken. Es gibt so viele Menschen, denen es in genau diesem Moment nicht gut geht, die in eine Krise geraten sind und die sich nichts sehnlicher wünschen, als endlich wieder aufatmen zu können. Sie fühlen es nicht immer. Sie wollen es sich nicht immer eingestehen. Sie glauben, dass der Zustand normal ist. Dass ein produktives, ereignisreiches Leben nun mal erschöpft und dazu führt, dass sich Leere im Brustkorb ausbreitet. Sie denken, das muss so sein, wenn man erwachsen ist und Lebenserfahrung sammelt.

Wir sprechen nicht darüber. Weil es uns peinlich ist. Weil wir nicht gelernt haben, adäquat mit Krisen umzugehen, und weil wir Krisen als etwas erfahren, das nur andere betrifft und das es um jeden Preis zu vermeiden gilt. Eine Krise ist eine Katastrophe. Und wie man mit Katastrophen umgeht? Das weiß keiner so richtig. Also warten wir erst mal ab. Vielleicht ist es nur der Herbstblues, die Winterdepression, die Frühjahrsmüdigkeit – oder womöglich doch ein Burnout?

Aber ich kann dich etwas beruhigen: So schlimm, wie sich deine Situation gerade für dich anfühlt, ist sie gar nicht. Eine Krise muss keine Katastrophe werden.*

Lass uns zunächst das Drama aus dem Wort »Krise« nehmen.
Denn eine Krise kann eine Entscheidung für den Frieden in
dir sein.
Das weißt du heute noch nicht, aber schon bald.

Aus diesem Grund möchte ich dir sagen: Herzlichen Glückwunsch, du bist in einer Krise. Mittendrin!

Ab jetzt wird alles gut.

---

* Dieses Buch ersetzt natürlich keine professionelle therapeutische und/oder ärztliche Hilfe. Ab Seite 235 findest du Adressen, an die du dich wenden kannst, wenn du dich in einer schweren akuten Krise befindest.

Die Anzeichen des Abschieds und des Neubeginns

ICH VERMUTE FAST, DASS ES UNS
WEGEN DEM, WAS WIR DENKEN,
OFT SCHLECHTER GEHT,
ALS WEGEN DEM,
WAS TATSÄCHLICH IST.

(UNBEKANNT)

DAS FREMDGEWORDENE LEBEN

Wir können so viel: Berge besteigen, Gedichte analysieren, Kurven berechnen, Torten backen. Wir können Ironie zwischen den Zeilen lesen, Erregung im Beben der Stimmbänder heraushören und Zustimmung an den Gesten unseres Gegenübers erkennen. Was nur wenige von uns können: auf sich selbst achtgeben und Grenzen ziehen, so dass es uns möglichst lange gut geht und wir rechtzeitig die notwendigen Entscheidungen treffen können, damit uns der Sog in die Dunkelheit – die sogenannte Krise – nicht mitreißt. Und was die wenigsten wissen: Was tun, wenn uns plötzlich alles überfordert und sich die Gedanken und Gefühle in der Brust zu einem unentwirrbaren Wollknäuel ineinander verheddern?

Wie man damit umzugehen hat, ob man dem überhaupt Beachtung schenken sollte, hat uns keiner gesagt. »Weitermachen, weitermachen!«, ruft jemand, und wir hinterfragen es nicht, machen weiter, ohne Halt, ohne Pause. Weil alle es halt so machen. Weil Schwäche zeigen nicht angesagt ist, weil wir ad hoc keine Lösungen kennen und weil das Schweben im Nichtwissen uns unerträglich erscheint. Da bleiben wir lieber im Sumpf der Traurigkeit, der Krise. Und ein Blick in die Gesichter in unserem Umfeld bestätigt uns: Ja, das ist scheinbar normal, wenn man erwachsen ist und Job, Kinder, Verantwortung hat.

Was wir interessanterweise jedoch wissen, ist, was wir tun und lassen müssen, um klein zu werden oder es zu bleiben. Wenn ich mich mit Menschen zu diesem Thema unterhalte, scheint es mir so, als gäbe es einen geheimen Code, der besagt: »Du darfst nicht größer, erfolgreicher, glücklicher werden als dein Umfeld. Bleib dort, wo du hineingeboren wurdest, füge dich dem, was für dich vorgesehen war – von wem auch immer, warum auch immer!«

Die meisten Menschen halten sich daran. Sie schweigen, sie arbeiten still vor sich hin, sie ertragen toxische Beziehungen, sie beschweren sich häufig, lächeln selten. Doch sie handeln einfach nicht. Sie sagen das eine und machen das Gegenteil davon. Sie sagen, dass sie Sehnsucht nach einer erfüllten Beziehung haben, aber bleiben in einer Verbindung, in der sie sich einsam fühlen. Sie sagen, dass sie unbedingt ihre Arbeitsstelle wechseln wollen, haben aber an jedem Jobangebot etwas auszusetzen.

Kein Wunder, dass am Ende so viel Verwirrung in ihnen steckt und sie selbst nicht mehr wissen, wer sie sind, was sie wollen, in welcher Phase des Lebens sie sich befinden und wovon sie eigentlich – damals, als Kind, als Jugendliche – träumten.

Das stumme Ertragen kann lange funktionieren. Je nachdem, welcher Charaktertyp du bist, welche Themen dich beschäftigen, wie leidensfähig du bist und/oder wie gut du dich abgelenkt bekommst. Doch irgendwann, das ist unvermeidbar, spricht die Seele Klartext, so dass du nicht mehr so tun kannst, als sei alles in Ordnung. Sie kommuniziert über Überforderung, über Schmerzen, über Konflikte, über die unendliche Traurigkeit in uns. Irgendwann zwingt sie uns dazu, nicht mehr wegzuschauen und deutlich ihre Botschaft zu hören: »Ich kann nicht mehr!«

Bestimmt kennst du das Gefühl, das dann kommt. Es breitet sich von der Bauchmitte aus. Wie ein etwas unverschämter Besucher macht es sich gemütlich und nimmt immer mehr Raum ein. Wir sind dauermüde und schlafen schlecht. Wir kämpfen mit uns selbst. Wir schieben es auf das Wetter, die Hormone, das fettige Essen am Abend, zu wenig Sport, zu viel Arbeit.

Es ist nicht außergewöhnlich, dass in dieser Zeit des Wandels besonders bescheuerte Dinge passieren, die wir elegant als »Fauxpas« abtun. Der kleine Zeh wird besonders oft angestoßen (oder schlimmere Unfälle), die vereinbarten Termine werden vergessen, die Autotür beim Aussteigen eingedellt. Der innere Kampf trägt sich immer mehr nach außen.

Doch wir erkennen diese Zeichen nicht. Stattdessen kämpfen wir weiter dagegen an. Das geht unterschiedlich lange gut, die Energie sinkt weiter, obwohl wir all das tun, was uns diverse Lebensratgeber, Ärzte und das gesamte Internet raten: genug trinken, genug schlafen, grüne Smoothies, Yoga, Sauna, schwimmen, joggen, wenig Medien, Pause, spazieren gehen, beten, Me-Time, masturbieren, meditieren …

Halleluja, was haben wir nicht alles schon probiert, damit es besser wird! Aber nichts hilft. Und die Gedanken kreisen. Immer weiter. Sie kreisen um eine Situation, für die es noch keine Lösung gibt, die aber immer unerträglicher wird.

Jede vielversprechende Methode braucht Zeit, versuchen wir uns zu beruhigen. Natürlich fallen die meisten durch. Warum? Weil dein Herz sich nicht von der Wahrheit abbringen lässt, der Bauch ebenfalls nicht. Das Einzige, das sich kurzzeitig ablenken lässt, ist der Kopf, denn der ist limitiert und konditioniert.

Und so stürzen wir uns weiter in Ablenkung, arbeiten bis in die Puppen, buchen eine Fernreise, räumen die Bude um, machen einen Tanzkurs, schmeißen weg, kaufen ein, essen über den Appetit, treiben exzessiv Sport, streiten und versöhnen uns in einer Geschwindigkeit, die kein Innehalten zulässt. Es scheint, als wäre es egal, WAS uns ablenkt, Hauptsache, es muss nicht das gefühlt werden, was schon längst im gesamten Organismus angekommen ist. Die Gedanken kreisen, weil der Abschied begonnen hat. Der Abschied von dem Leben, das nicht mehr zu dir passt. Das anzuerkennen tut vielleicht kurz weh, bringt aber auch eine große Erleichterung.

Wie wäre es, wenn wir uns erlauben würden, eine Krise als eine Art Erkältung der Seele zu betrachten? Und ihr ein paar Tage, Wochen, von mir aus sogar Monate Zeit geben, damit sie wieder Kraft schöpfen kann?

Dieses Buch wurde von einer echten Expertin für Krisen, für die »Übergänge« und Neubeginne, geschrieben. Ich kenne mich mit dem Wandel, oder eher der Verwandlung, sehr gut aus. Das Leben hat es mich höchstpersönlich gelehrt, so dass ich inzwischen mit einem selbstbewussten Lächeln sagen kann, dass ich mein Sein mit all den dazugehörigen Tiefs immer mehr spielerisch betrachte: Ich bin neugierig auf mich, wie ich auf Situationen, Menschen und Herausforderungen reagiere.

Mir machen wenige Dinge Angst – abgesehen vom Tod eines meiner Familienmitglieder –, und dennoch möchte ich an dieser Stelle ehrlich zugeben, dass diese Phasen des Umbruchs auch einfach scheiße anstrengend sind! Obwohl ich die unterschiedlichen Stufen, die Wiederholungen, meine Muster und die Tipps und Tricks kenne, bin auch ich in Krisenzeiten immer sehr erschöpft, traurig, wütend, obwohl ich weiß: Wenn das erst mal durchgestanden ist, dann kommen das Licht und die Freude mit einer noch größeren Kraft als jemals zuvor zurück. Trotzdem, alter Schwede, muss das denn wirklich sein?!

Mir ist es wichtig, zu erwähnen, dass meine Sichtweise nicht deine werden muss und dass das, was ich für richtig erachte, mitnichten die ultimative Wahrheit ist. Alles, was ich hier mit dir teile, ist lediglich meine persönliche Meinung. Es sind die Ergebnisse meiner jahrelangen Beobachtungen an mir selbst und an Menschen, die sich von mir in der Zeit des Umbruchs begleiten lassen. Meine Worte werden mit Sicherheit in keiner wissenschaftlichen Studie festgehalten, sie dienen lediglich der Inspiration, wie man durch eine Krise gelangen kann. Alles, was ich dir an Hilfestellung gebe, habe ich selbst als erfolgreiche Methode an mir erprobt, und dennoch gibt es noch immer Situationen, in denen auch ich nicht weiß, was richtig ist.

Was ich inzwischen ziemlich sicher weiß: Das geht den meisten so. Wir hängen verschiedenen Theorien an, glauben an unterschiedliche Götter, folgen diversen Gurus, verbinden uns mit dem »höheren Ich«, gehen in die Untiefen des Seins und wissen am Ende trotzdem nicht so recht, wie es funktioniert.

Viele Menschen schämen sich dafür, nicht zu wissen, wie Leben »geht«, und verhalten sich so, wie sie meinen, dass es für Erwachsene richtig ist. Vielleicht wolltest du, so wie ich auch, schon immer irgendwie in der Masse auffallen, aber nur ein bisschen. So viel, dass man dich cool findet, aber nicht für dein Tun oder Sein kritisiert. Du wolltest nie die Person sein, über die man sagt:»Wow, die ist echt ein Freak!« Deshalb hast du dich für den möglichst unkomplizierten Weg entschieden, hast dich angepasst und das getan, was man von dir erwartet. Dich so verhalten, wie deine Eltern und deine Lehrer es dir beigebracht haben, wie es sich dein Freundeskreis wünscht, wie es die Nachbarn oder »die Leute« erwarten. Schule – möglichst gut und unauffällig. Studium oder Ausbildung – vielseitig, zielgerichtet und erfolgreich. Im Job – kreativ, belastbar und teamfähig. Und jetzt? Tja, da sitzt du nun und weißt gar nicht, wie du an diesen Punkt in deinem Leben, in dieser Krise landen konntest. Das war nicht so geplant, und du hast auch keinen Plan dafür.

Lass mich dir ein paar persönliche Geschichten erzählen, von Abschieden und Neubeginnen, von Situationen, in denen ich dachte:»Fuck, hier kommst du niemals raus!« Es gab Krisen in meiner Jugend, in denen ich sogar an Selbstmord gedacht habe, weil ich nicht mehr konnte, weil ich keinen Sinn in meiner Existenz gesehen habe. Es gab Zeiten, in denen ich kein Auge zubekam, weil meine Unruhe, meine Angst, meine Panik nicht abfließen konnten, weil ich aufgrund meiner Muskelerkrankung nichts an meinem Körper bewegen kann außer den Fingern und meinen Gesichtsmuskeln. Also kniff ich die Augen so doll zu und riss sie wieder weit auf, bis ich müde wurde und meine inneren Kämpfe im Schlaf fortführen konnte.

Die erste Krise in meinem Leben, an die ich mich bewusst erinnern kann, war, als ich mit sieben Jahren nach Deutschland kam. In der Hoffnung, dass die deutschen Ärzte aus mir ein möglichst »normales« Kind machen können, kam ich in ein Krankenhaus. Ich verstand kein Wort Deutsch, wurde an der Wirbelsäule operiert, hatte wochenlang höllische Schmerzen und brüllte das ganze Krankenhaus auf Russisch zusammen: »Mama, warum hast du mich nicht vorher umgebracht?!«

Es war eine besonders schlimme Krise, nicht nur weil es die erste war, sondern weil sie mir so klar offenbarte, wie wenig ich in der Hand hatte und wie wenig es genügte, nur da zu sein. Egal, was ich tun würde, niemals würde mein Vater sagen: »Du bist ein gutes Kind, du bist gesund, auch wenn du nicht laufen kannst, du bist richtig und wichtig, mein Mädchen!«

Viele Jahre gab ich ihm die Schuld, dass ich mich selbst nicht annehmen konnte, wie ich bin. Meine inneren Vorwürfe hielten so lange an, bis ich begriff: Ich war die Krise meiner Eltern. Wir alle haben uns ein anderes Leben vorgestellt. Sie wollten ein normales, gesundes, fröhliches Kind, und ich wollte Eltern, die mich akzeptieren und unabhängig von allem stolz auf mich sind.

Die Krise meiner Eltern konnte ich nicht auflösen, das war ihr Ding. Aber es gab einen Weg, mich von ihren Ansprüchen zu befreien, die Macht über mein Leben und die Selbstbestimmung zurückzugewinnen.

LASS UNS EINE BOMBE
IN DEN SCHUBLADEN ZÜNDEN

Als wir auf die Welt kamen, ahnten wir noch nicht, dass wir vielleicht gar nicht unseretwegen hier willkommen sind, sondern weil wir in erster Linie lernen sollen, eine Rolle zu spielen, die entweder in das Theaterstück unserer Eltern oder in das der Gesellschaft passt. Dazu fällt mir eine kleine Anekdote ein: Bei einem Spaziergang trifft ein junges, attraktives Ehepaar eine langjährige Bekannte der Familie. Sie freuen sich über die Begegnung und halten höflich Smalltalk über dies und das. Plötzlich fällt der Blick der Bekannten auf die beiden Kinder des Paares. Sie lächelt sie an und staunt: »Wie groß ihr geworden seid! Ich kannte euch schon, da wart ihr beide noch ganz klein! Wie alt seid ihr inzwischen?« Noch bevor die Kinder reagieren können, antwortet die Mutter stolz: »Der Anwalt ist fünf und die Ärztin sieben.«

Die Visionen zur Zukunft der Kinder können schon sehr früh beginnen. Eltern stellen sich schon während der Schwangerschaft vor, wie schön, schlau und erfolgreich ihr kleines Wesen später sein wird. (Es wird natürlich kein hässliches oder gar dummes Kind sein!) Sie haben ein bestimmtes Bild von ihrem Nachwuchs und tun alles dafür, um dieses in die Realität umzusetzen. Entsprechend werden die Schulen ausgesucht, bestimmte Fähigkeiten und Hobbys gefördert, und ja, sogar die Freundeskreise des Kindes werden danach ausgerichtet. Noch ahnt das kleine Wesen nicht, dass es vor allem dafür geboren wurde, die Eltern glücklicher zu machen, aber auch, um die unerfüllten Sehnsüchte seiner Vorfahren zu leben. Oder, besser gesagt, sich ein Leben lang abzumühen, den Erwartungen der Familie gerecht zu werden.

Und das kann ein Katapult in eine heftige Krise sein. Die erste Lebenszeit verläuft bei den meisten von uns relativ entspannt. Wir dürfen schlafen, wann wir wollen, bekommen zu essen, wenn wir Hunger haben, dürfen gähnen, pupsen, rülpsen – herrlich! Doch irgendwann, wenn wir einen eigenen Willen entwickelt haben und unsere Bedürfnisse sich verändern, werden wir von den Eltern mit den Schubladen der Gesellschaft vertraut gemacht und somit systematisch (unbewusst!) auf mehrere Lebenskrisen vorbereitet. Wobei ich mit »vorbereiten« nicht etwa meine, dass uns Stärke, Selbstbewusstsein und der gesunde Umgang mit herausfordernden Situationen im Leben beigebracht werden. Nein, leider nicht. Stattdessen legt sich ein unsichtbares Netz aus Erwartungen, unerfüllten Lebensträumen, Ängsten und Projektionen über uns. Anfangs merken wir es noch nicht, denken, es gehört so, doch irgendwann wird uns bewusst: Wir wissen gar nicht, wer wir sind und welche Potenziale in uns verborgen liegen. Wie man sich daraus wieder befreien könnte, hat uns natürlich auch keiner gezeigt – weil es so wenige Menschen gibt, die es selbst wissen und können. So erzählen uns unsere Eltern, wie das Leben funktioniert, wie es zu laufen hat. Sie erklären uns den Unterschied von »Das macht man!« und »Das macht man nicht!«.

Es werden Käfige gebaut, für die die Seele viel zu groß ist.

Wenn man nur so lebt, dass man von anderen Menschen gemocht und vielleicht sogar geliebt wird, weil man »keine Probleme« macht, weil man »unkompliziert« ist, weil man »keine hohen Ansprüche« hat, bewegt man sich geradewegs auf Situationen zu, die einen unglücklich machen. Uns allen ist das Gefühl nicht unbekannt, wie etwas in uns »stirbt« und wir für einige Zeit erstarren, wenn wir das Leben für die anderen leben.

Wir fühlen wenig, nehmen nur noch Nebel in uns wahr. Früher oder später taucht die Frage auf: »Bin das wirklich noch ich? Führe ich ein Leben, das andere oder mich selbst glücklich macht?« – und dann beginnen wir aufzuräumen, uns wirklich zu »entwickeln«. Das geht oft nicht ohne Widerstände. Denn manchmal ist der Weg zu sich selbst für andere unbequem. Manchmal führt dieser Weg leider an der eigenen Familie vorbei.

Nun lesen sich diese Zeilen so, als würde ich Eltern-Bashing betreiben. Dem ist nicht so. Auch unsere Eltern haben lediglich das übernommen, was man ihnen in die Venen des Herzens spritzte. Sie waren einst auch Kinder und taten alles, um von ihren Eltern geliebt zu werden. So wie wir auch, versuchten sie, so zu leben, wie »man es halt macht«, waren möglichst gut in der Schule, möglichst besonders und gleichzeitig möglichst unauffällig. Unsere Geburt war ein Highlight für unsere Eltern. Sie nahmen sich vielleicht vor, die Fehler ihrer Eltern nicht an uns zu wiederholen. Doch das Gegenteil war meistens der Fall – sie machten die gleichen Fehler und gruben manchmal noch tiefere Gräben in unsere Herzen, als sie es selbst erfahren hatten. Es werden nun mal nicht nur Schmuckschatullen vererbt, sondern auch Traumata und Wunden.

Lass uns bitte nur für eine Minute wagen, uns vorzustellen, wie es gewesen wäre, wenn unsere Eltern bei Eltern aufgewachsen wären, die jegliche Verantwortung für ihre Emotionen selbst getragen hätten. Die aufmerksam kommuniziert und zugehört hätten, die wohlwollend und offen für ihre Bedürfnisse, emotional stabil, feinfühlig, stark, intuitiv, bewusst gewesen wären.

Hätten wir alle Eltern, Großeltern, Urgroßeltern, die ein bewussteres Leben geführt, die Liebe über Leistung gestellt und allen (!) Emotionen ihren benötigten Raum gewährt hätten, meinst du, wir hätten dann noch dieses Gefühl von Verlorensein und des Nicht-wissen-wohin-mit-uns? Meinst du, wir würden den natürlichen Wandel unseres Lebens dann ernsthaft als »Krise« betiteln? Ich glaube nicht.

Doch leider hatten nur die wenigsten von uns diese starken, stabilen, gesunden Vorfahren. Im Gegenteil. Wir tragen noch immer die Kriege in uns, die Angst und auch der Mangel sitzen tief in unseren Zellen.

»Ja, alles ganz schwierig, alles ganz schlimm ...«, nickst du jetzt vielleicht in dich hinein.

Ich möchte dich aus der inneren Trübsal herausreißen und daran erinnern: Wenn wir generationsübergreifende Traumata vererben können, dann geht das auch mit Willensstärke, Mut, Kraft, Hoffnung, Weisheit und Humor! Und genau das sind die Ressourcen, die dir aus der Dunkelheit helfen werden.

All das »Gute« ist auch schon in uns angelegt, und wir können es mobilisieren. Es ist mir nämlich etwas zu einfach (und auch wenig zielführend), die Verantwortung für sich und seine Gefühle auf andere – die Eltern, die Kinder, die (Ex-)Partner und (Ex-)Partnerinnen, die Geschwister, die Nachbarn, die Chefs, die Kolleginnen, na ja, eben die Gesellschaft – abzuwälzen. Nein, das möchte ich nicht mehr als eine Entschuldigung für das innerliche Resignieren gelten lassen.

Wir identifizieren uns viel zu sehr mit der Machtlosigkeit, die wir als Kinder erfahren. Dieses Erleben lässt uns auch jetzt – als längst Erwachsene – nicht los und hält uns in dem Netz der Ohnmacht gefangen. Doch, mal ehrlich, sind die Gefühle von »damals« noch wahr? Werden sie noch gebraucht, oder stören sie in der Lebensgestaltung, die unserer heutigen Persönlichkeit entspricht?

Manchmal habe ich das Gefühl, dass wir traurig oder empört sind, weil man von uns erwartet, es zu sein. Weil die Gesellschaft einem vorgibt, es in bestimmten Situationen sein zu »müssen«. Das hört sich jetzt vielleicht etwas widersprüchlich an, ich werde es genauer erläutern.

Ich fühlte mich viele Jahre schlecht, hässlich, nicht in eine oberflächliche Gesellschaft passend, in der mich nur perfekte Frauen von Plakaten anlächeln. Die wenigsten meiner Körperteile entsprechen dem gängigen Schönheitsideal – viel zu kleiner Busen, zu dünne Beine, zu dicker Bauch, seltsame Füße. Ich fragte mich: »WIE kann ich denn jemals glücklich sein, wenn ich doch gar nicht so bin wie die anderen?! Ich werde niemals einen Mann an meiner Seite haben, der mich attraktiv findet!« Mein mangelndes Selbstbewusstsein riss mich immer tiefer in das Gefühl der Bedeutungslosigkeit.

Doch eines Abends schloss ich die Augen und fühlte mich aus dem Nichts heraus unheimlich schön. Ich fühlte die enorme innere Kraft in mir pulsieren, spürte meine Weiblichkeit in jeder Körperzelle und fand mich für ein paar Minuten unwiderstehlich attraktiv.

»Huch, was war DAS denn?!« Überrascht öffnete ich meine Augen. »Warum fühle ich mich auf einmal schön, obwohl mir doch seit Jahren von allen Seiten suggeriert wird, dass ich das gar nicht sein kann, weil mein Körper nicht der Norm entspricht?!«

Und plötzlich begriff ich, dass MEIN Körperempfinden und meine Sexualität, meine Kraft, meine Schönheit – dass all das nur mir allein gehört. Und all das ist bereits in mir. Es kann mir keiner geben. Und es kann mir auch keiner nehmen.

Diese Erkenntnis war für mich die Lösung für so viele Herausforderungen und Probleme, die ich mir selbst kreiert hatte. Ich wunderte mich, dass ich über diese »Lösung« nirgendwo las oder hörte. Ich begann, dem noch weiter nachzugehen, und beobachte es noch heute oft in Gesprächen mit Menschen, die mir von ihren Herausforderungen erzählen.

Ein kleines Beispiel aus der Praxis: Ich höre meinen Klienten sagen, dass er niedergeschlagen ist, weil er seinen Job verloren hat, und dass er ja nun gar nicht wisse, was er tun solle. Ich sehe ihn innerlich rastlos hin und her laufen, er erzählt, er trinke mehr Alkohol, komme morgens schwerer aus dem Bett. Er tue aber wirklich, wirklich, wirklich alles dafür, um eine neue Arbeitsstelle zu finden, sagt er in unserem Gespräch und zuckt dabei mit den Schultern, als Zeichen der Resignation, als wisse er nicht mehr weiter. Ich höre die Traurigkeit, Empörung und das Verlorensein – aber ich fühle sie nicht. Ich hake nach:

»Sag mal, kann es sein, dass dir die Kündigung in Wirklichkeit gar nicht so viel ausmacht? Ich fühle nämlich nicht das, was du vorgibst zu fühlen.«

Ein betretenes Schweigen. Herumdrucksen.

»Na ja … ja … also, tatsächlich bin ich gar nicht soooo traurig um die Kündigung. Ich war schon lange nicht mehr gern in der Firma, und seit mein neuer Chef da ist, ist die Stimmung im Team auch unter aller Sau.«

»Und warum sagst du es nicht gleich so?«, frage ich lächelnd nach und bin froh, dass mein Gefühl mich nicht getäuscht hat.

»Weil man sich mit Mitte vierzig nicht über eine Kündigung zu freuen hat!«, sagt der Mann, erleichtert, endlich das aussprechen zu dürfen, was er WIRKLICH fühlt.

Genau das! Genau DAS habe ich vermutet! Und es gibt so viele Dinge, die man nicht zu sein oder zu tun hat, wie

> gerne Single zu sein
> am liebsten zu Hause abzuhängen
> faul zu sein
> als Mann weniger zu verdienen als die eigene Frau und als Frau mehr als der Mann
> als Kind von Akademikern einen 08/15-Job auszuüben
> als Arbeiterkind die Chefetage anzustreben
> als Frau gerne die Mutterrolle zu übernehmen und zu Hause zu bleiben
> als Mann den Hausmann zu geben
> glücklich auch mit wenig Einkommen zu sein
> zu lachen, obwohl du trauern solltest
> sich schön zu fühlen, auch wenn du nach dem gängigen

Schönheitsideal zu dick oder zu dünn, zu behindert, zu
weiß oder zu schwarz bist
> zu sagen, dass du als zu einer Randgruppe zählender
Mensch recht wenig Diskriminierung erfährst.

Ich könnte diese Liste auf das gesamte Buch ausdehnen. Doch
ich denke, es ist klargeworden, worauf ich hinauswill.
Aber warum soll man das alles nicht tun? Damit »der Laden«
läuft und es wenige Ausfälle gibt. Wir sollen funktionieren.
Die Gesellschaft bemäntelt sich oft mit einem offenen, inklusi-
ven »Wir sind so open minded, du darfst dich verwirklichen«-
Gefasel, bis die Menschen beginnen, es tatsächlich zu leben.
Bis sie wirklich die Kraft und den Mut aufbringen, aus der
Krise, den Zwängen, den Schubladen auszubrechen und ein
Leben zu führen, das zu ihrer Grundpersönlichkeit passt. Meine Freundin Hannah hat dazu ein wunderbares Bild: »Wehe,
du wächst mit nur einem Ast über die Hecke hinaus! Dann
kommt die große Heckenschere und stutzt dich auf die vor-
gegebene Größe. Du sollst weder hoch hinauswachsen, noch
sollst du dich von der Masse unterscheiden.«

»Bist du glücklich? Fühlst du dich schön?«, frage ich eine junge
Frau mit Behinderung, die bei mir zur Beratung gekommen
ist.
»Schon, aber … also die Gesellschaft sagt ja, ich sei nichts
wert«, antwortet sie traurig.
»Fühlst du dich schön?«, wiederhole ich meine Frage.
»Ja, aber die Gesellschaft sagt, ich sei es nicht, weil ich nicht
der Norm entspreche.«
»Fühlst du dich denn unabhängig von allem schön?«

»Ja«, sagt sie und lächelt zum ersten Mal.

»Na, siehst du«, sage ich, »scheiß auf die Norm. Wir sind auch die Gesellschaft, und wir prägen das Denken über uns selbst mit.«

Mir scheint es manchmal, als gäbe es so eine Art ungeschriebenes Gesetz: Du hast nicht glücklich zu sein oder die Lust am Leben zu verspüren, wenn du nicht der Norm entsprichst!

Du und ich, WIR sind die Gesellschaft!
Wir haben die Möglichkeit, die Sicht auf die Dinge zu ändern.
Wir bestimmen die Richtung mit, haben mehr in der Hand, mehr Spielraum, als es uns bewusst ist.

Doch »die Norm« ist wie eine Fata Morgana. Selbst Menschen, die ihr entsprechen, mühen sich, angetrieben von Selbstzweifeln, immer weiter ab, noch besser, noch schöner und perfekter zu werden.

Wenn wir ganz ehrlich sind, wissen wir, dass weder das Entsprechen noch das Nichtentsprechen jeglicher Normen das tatsächlich empfundene Glück minimieren oder maximieren kann. Keiner von uns ist davon befreit, aus tiefster Seele unzufrieden mit sich selbst zu sein.

Natürlich kann ich das Denken und Empfinden der jungen Frau nachvollziehen, auch ich habe damit meine gesamte Jugend und meine »goldenen Zwanziger« verplempert. Immer auf der Suche nach der Bestätigung von außen, von »der Gesellschaft«, dass ich okay bin, dass ich wertvoll bin, dass ich schön bin, schlau, weiblich, erfolgreich, all so was eben. Logischerweise fallen diese Bestätigungen aus – nicht nur für Frauen mit einem offensichtlich behinderten Körper, sondern für alle, die danach so exzessiv suchen. Denn, mal ehrlich, wer entspricht denn eigentlich genau »der Norm«?

Vielleicht fragst du dich jetzt, wie so ein Wandel konkret aussehen kann, damit wir – als Individuen – alle unsere Plätze in der Gesellschaft finden können, ohne jedes Mal einen kompletten Krisenzusammenbruch zu durchleben. Eine Lösung habe ich nicht, aber eine Idee: Wir brauchen Vorbilder, die so leben, dass es den gesellschaftlichen Wandel aktiv in die positive, schönere Richtung bewegt. Wir alle sollten Menschen kennen, die gesunde Wurzeln in die Erde schlagen, die sich verbunden fühlen und dennoch flexibel im Falle eines heftigen Sturms bleiben. Menschen, die ihre Beziehungen nicht als ihr Eigentum betrachten, die respektvollen Umgang miteinander pflegen und die sich ihrer Werte ganz klar bewusst sind. Menschen, die es aushalten, wenn der Boden mal wackelt, die dann aber dennoch ihren Halt nicht verlieren. Wir sind auf Menschen angewiesen, die vorausgehen, die bereit sind, nicht nur über den Wandel zu sprechen, sondern ihn bereits so zu leben, als wäre er schon da. Denn wenn uns Menschen Liebe predigen, dann lernen wir nicht zu lieben, sondern zu predigen. Ich wünsche mir eine Gesellschaft mit Menschen, die das leben, was sie sagen.

Lass uns zu den Vorbildern werden, die wir uns wünschen. Denn wir können nur dann ein großes Leben haben, wenn wir bereit sind, selbst groß zu werden, wenn wir die Illusion der Machtlosigkeit aufheben und die Verantwortung für unser Leben übernehmen!

So, die Nadel ist schon mal auf der Landkarte gesetzt. Doch wie genau richtet man sich innerlich aus, um nicht – aus Versehen – in die falsche Richtung zu laufen? Wie kommen wir zu dem schönen Ziel, das wir nun vor Augen haben? Gibt es womöglich sogar eine Abkürzung?!

DIE INTUITION
IST DEINE KOMPASSNADEL

Eine beinahe unerträgliche Leere und ein Nebel breiten sich in dir aus. Die Müdigkeit setzt ein. Du fühlst Unbehagen und Hilflosigkeit.

Dein Bauch grummelt und fühlt sich gar nicht gut an. Dein Brustkorb ist eng, und die Schultern sind verspannt, als läge eine schwere Last auf ihnen. Es fällt dir schwer, tief Luft zu holen, und breit gegrinst hast du auch schon lange nicht mehr. Mit diesem Gefühl legst du dich am Abend ins Bett und beginnst damit morgens deinen Tag. Dazwischen passiert der Alltag. Das ist gut, denn der vollgestopfte Terminkalender lässt dich zumindest für ein paar Stunden vergessen, dass es dir eigentlich gar nicht gut geht. Du gehst zur Arbeit, bei der immer viel zu tun ist und die dich von dir und deinen Gefühlen ablenkt. Du freust dich dennoch sehr auf den Feierabend, auf das Wochenende und den Urlaub in ein paar Wochen.

In deiner »Freizeit« liebst du Fastfood und kennst alle Serien auf allen Streamingdiensten, oder du führst ein sehr gesundes Leben mit teurem Superfood und viermal Sport in der Woche. Du verlierst jegliches Zeitgefühl, während du auf Social Media scrollst, lustige Katzenvideos schaust und dich über alte weiße Politiker aufregst. Du liebst es, in lauten Kneipen zu sitzen oder mit Shoppingtouren deine Glücksgefühle für ein paar Stunden hochzuholen. Du triffst deine Freunde oder die, die du als solche bezeichnest. Gemeinsam feiert ihr »das Leben«, während jeder sich insgeheim fragt, was genau damit gemeint ist, wenn ihr darauf anstoßt. Und am Morgen wachst du wieder mit diesem unbestimmten Gefühl auf.

Es ist fast egal, was du tust, du tust alles nur für einen Zweck: Vergessen, was du fühlst. Was du willst.
Was dein Bauchgefühl, deine innere Stimme, deine Intuition dir versuchen zu sagen. Und das schon sehr, sehr lange.

Vielleicht gibt es eine Falle, die wie das Murmeltier grüßt. »Es kann doch nicht sein, dass mir das schon wieder passiert!«, ärgerst du dich und verstehst nicht, wie du erneut in einem Job gelandet bist, der dich nicht ausfüllt, oder warum du dich auf eine Beziehung eingelassen hast, die dich einengt. Oder du bist wieder an Menschen geraten, die dir nicht guttun, dich belügen, ausnutzen oder herabwürdigen. Immer wieder spürst du Wut, Angst oder Unzufriedenheit und Ratlosigkeit.

Aber du gehst darüber hinweg. »Ach, egal, das Leben geht weiter. So schlimm ist es doch eigentlich gar nicht!«, beruhigst du dich und sagst dir, dass es Menschen gibt, denen es ja noch weitaus schlechter geht als dir.

So vergehen weitere Wochen, Monate, Jahre. Inzwischen hast du dich an die negativen Gefühle gewöhnt, du glaubst sogar, dass das alles normal sei. Hin und wieder versuchst du, deinen Glückspegel mit bestimmten Aktivitäten um ein paar Stufen anzuheben, doch der Erfolg hält lediglich für ein paar Tage an.

Und dann ist sie wieder da, diesmal noch einen Tick stärker – diese tiefe Traurigkeit, Unzufriedenheit, Wut.
Weil sich nichts geändert hat.
Weil du nicht bereit warst, Entscheidungen zu treffen.
Weil du dich selbst mal wieder nicht ernst genommen hast.
Doch deine Seele vergisst nie, das Leben erinnert dich früher oder später:»Ding, dong! Weißt du noch, da gibt es ein paar Sachen, die wir angehen sollten?«

Diese »unangenehmen« Gefühle, die du schnellstmöglich weghaben möchtest, sind die Stimme deiner Intuition. Sie flüstert dir – zugegebenermaßen nicht immer sehr nett – zu, dass es etwas anderes für dich braucht, um glücklich zu sein.

Doch statt ihr Beachtung zu schenken, buchen wir teure Seminare, bei denen wir uns mit dem Blick auf die Schweizer Berge und zu sanfter Meditationsmusik mit dem Universum verbinden. Wir trinken Tee, essen sehr bewusst und genießen die Stille. »Ach, eigentlich ist doch alles sehr okay«, denken wir und nehmen uns vor, diese Stimmung mit nach Hause zunehmen.

Doch dort geht der Alltag weiter wie gewohnt, nichts hat sich verändert, und erneut ist gar nichts okay! In uns wächst das Gefühl, dass wir alles falsch machen, denn eine andere Antwort fällt uns auf unsere offensichtlichen Misserfolge nicht ein. Wenn wir doch nur regelmäßiger joggen würden, wenn wir doch nur länger meditieren würden. Doch in der Realität sitzen wir auf unserem teuren Meditationskissen und ärgern uns über uns selbst, dass unsere Gedanken abschweifen und wir einfach nicht in uns ruhen können.

Wir suchen nach den Antworten im Außen. Wir hören Tausende Podcasts und lesen viele, viele Ratgeber, in denen uns gesagt wird, was wir zu tun und zu lassen haben.

»Wenn es bei DER Autorin geklappt hat, dann KANN es nicht verkehrt sein!«, denkst du und gibst Vollgas in der Umsetzung ihrer Anweisungen. Doch dein Herz bleibt verschlossen, weil es mit dem, was du da machst, nicht d'accord geht.

Dabei tragen wir in der Tiefe unseres Herzens schon das Wissen, dass wir gar keine andere Wahl haben, als uns allem, was nun mal in uns ist, dem ganzen Schönen und Unschönen, zu widmen und alles anzunehmen – wenn wir ein besseres Leben genießen wollen. Wir wissen auch, dass es sich nicht mehr lohnt, auf »später« zu warten, dass die Zeit längst reif ist und sie lautet: jetzt.

Ohne Eile, aber jetzt.

Viele nennen den Zustand des Verlorenseins »Krise«. Aber du darfst dich beruhigen: Es ist lediglich das Nichts. Es ist die magische Leere in dir. Dein Ursprung. Deine Kraft. Denn dort, wo sich die Leere mit dem Nebel verbindet und nichts anderes dort ist – dort, genau dort, ist das Meer der Unendlichkeit deines Selbst. Dort endet alles. Und dort beginnt alles.

Wir ahnen ja nichts von dieser Superkraft unseres Herzens. Die Intuition sucht sich nämlich ihren Weg von ganz allein – entweder durch den kleinsten Türspalt oder durch das undichte Fenster in der Abstellkammer, die wir für die unliebsamen Emotionen und Erinnerungen vorgesehen haben. Der Körper gibt nach, und dann – dann findet die innere Stimme endlich ihren Weg zu dir. Sie überwältigt dich sanft und doch so kraftvoll, dass du nicht mehr so tun kannst, als hättest du es mal wieder nicht bemerkt. Du wirst nicht anders können, als ihr zu lauschen.

Die Intuition ist eine universelle Sprache. Sie nutzt zwar auch den Körper als ein Sprachrohr, doch eigentlich ist sie körperlos und unabhängig von äußeren Faktoren. Sie ist eine besondere Intelligenz mit unterschiedlichen Sendungsintensitäten – mal ist sie kaum hörbar, mal holt sie sich das gesamte Leben zur Unterstützung an ihre Seite, um von uns endlich wahrgenommen und gehört zu werden.

Die Intuition nicht zu hören oder zu verstehen, ist – eigentlich – nicht möglich. Dennoch haben wir es uns abtrainiert, diesem inneren Kompass zu folgen. Denn die Intuition zeigt uns den Weg zu unserer eigenen Macht, und das kann Angst auslösen. Wir denken, wenn wir der inneren Stimme auch nur ein bisschen nachgeben und ihr mehr Raum gewähren, dann stürmt sie hinein und wütet so sehr in unserem kleinen Universum, dass wir danach vor einem Scherbenhaufen stehen und nicht mehr wissen, wo oben und wo unten ist.

Da wir Menschen keine Freunde von Veränderungen sind, weil sie uns Angst machen und uns aus unserer Komfortzone drängen, versuchen wir, unsere innere Stimme zu unterdrücken.

Aus diesem Grund verwenden die meisten Menschen ihre gesamte Energie darauf, sich mit dem Rücken gegen die Tür zu stemmen, aus der ihre innere Kraft, die Intuition, endlich nach draußen treten möchte. (Und geben gleichzeitig bei Google ein: »Wie steigere ich meine Energie im Alltag?«)

Wahrscheinlich hast du es auch lange versucht, oder du versuchst es noch immer?

Ich auch, und deshalb kenne ich es nur zu gut!

Irgendwann schwinden aber Kraft und Motivation, sich permanent gegen die Tür zu lehnen, um die größte Power des eigenen Herzens zurückzuhalten. All die von dir mit viel Mühe und Überzeugung gebauten Konstrukte brechen ein, und die Fassade bröckelt. Es führt kein Weg daran vorbei, zu lernen, auf die eigene innere Stimme zu hören. Zu fühlen – und dem, was wir fühlen, auch zu vertrauen.

Wie oft denken wir nach einem Ereignis: »Mist, ich wusste es! Ich habe von Anfang an das Bauchgefühl gehabt, dass es nicht gut ausgehen wird!«

Und? Warum haben wir nicht darauf gehört? Genau – weil wir uns immer wieder versichern müssen, dass unsere Gefühle wirklich (!) richtig sind, dass sie uns tatsächlich nicht schaden wollen und dass sie immer recht behalten werden. Viele von uns brauchen – manche von uns bis zum Ende des Lebens – Beweise, dass wir »richtig« sind, dass unser innerer Kompass nicht verkehrt eingestellt ist. Diese Tests verlaufen auf so eine seltsame, verrückte, ungesunde Art und Weise, dass ich mich selbst oft gefragt habe: »Wie viele Dramen wären mir wohl erspart geblieben, wenn ich mir kompromisslos selbst vertraut hätte? Wo stünde ich heute, wenn man mir das alles bereits in meiner Jugend erzählt hätte?«

Doch ich würde gerne noch einen Schritt weiter in die Wahrheit hineingehen. (Spätestens hier steigen viele Menschen aus, doch du und ich, wir trauen uns!) Angenommen, wir hören die Stimme unserer Intuition und sind sogar bereit, sie ernst zu nehmen. Vielleicht weil wir so oft hingefallen sind und uns die Knie aufgeschlagen haben, und im Nachhinein immer genuschelt haben: »Fuck, hab ich's doch gewusst …!«, und nun klüger und weiser geworden sind. Wir wissen, dass das, was wir fühlen, nie trügt und uns immer zu dem leitet, das für uns persönlich am besten ist.

Unsere Intuition zeigt uns den Weg. Aber allein das Wahrnehmen reicht nicht. Wir müssen den Mut haben, danach zu handeln. Konkret heißt das: Entscheidungen zu treffen und die Konsequenzen, die sich daraus ergeben, zu tragen.

Lies den kleinen Abschnitt bitte noch einmal und lass ihn auf der Zunge zergehen.

Und noch mal.

Das ist nicht einfach. Ich weiß das.

Vorsichtig erzählst du deinen Freunden und deiner Familie, dass sich dein Brustkorb in den letzten Monaten ziemlich eng anfühlt, deine Schultern verspannt und deine Gedanken vernebelt sind. Du erwähnst mit einem halben Satz, dass du es nicht ausschließt, bald etwas in deinem Leben zu verändern, weil du es MUSST, weil du es sonst nicht mehr erträgst. Du fragst vorsichtig, ob ihnen dieser Zustand vertraut ist, und hoffst, einen Rat zu bekommen, einen Austausch, Verständnis, einen Satz, der ermutigt.

Doch noch während du die Frage aussprichst, blickst du in das Gesicht deines Gegenübers, und plötzlich beschleichen dich Zweifel: »Na ja«, denkst du, während du dich reden hörst, »vielleicht ist das Leben eben so …«, und dann weißt du auf einmal gar nicht mehr so genau, was dich an deinem Leben wirklich stört. »Vielleicht soll es so sein …? Vielleicht ist das normal …? Ich will ja auch nicht undankbar sein!«

Schon hörst du die Stimme deiner besten Freundin: »Nie bist du zufrieden mit dem, was du hast. Dabei geht es dir ECHT gut!« Als Belege dafür zählt sie alles auf, worüber du froh sein müsstest, wie über deinen gut bezahlten Job, deine großartigen Kinder, deinen eloquenten Mann oder deine erfolgreiche Frau, deinen treuen Freundeskreis. »Ganz ehrlich, wir hatten's auch nicht viel besser«, hörst du deinen Vater sagen. »Du hast doch die besten Karten von uns allen«, entgegnet die Kollegin, und du bleibst mit deinen Gefühlen allein.

»Ja, stimmt«, denkst du und ermahnst dich, dich endlich zusammenzureißen, dich in den Griff zu kriegen, die Klappe zu halten. Wenn du dich nur genug anstrengst, dann wirst auch du es schaffen. Tschakka!

Und die Gefühle … Ja, keine Ahnung. Was läuft eigentlich so auf Netflix Neues?

Es funktioniert für einen weiteren Tag, eine weitere Woche, einen weiteren Monat, bei vielen sogar ein paar Jahre.

Und dann kommt der Tag X.

Ab diesem Tag weißt du: Es geht nicht mehr wie vorher.

Mist.

Und nun?!

Ich hoffe, ich habe dir gerade keine Angst gemacht, falls dieser Tag X dir noch nicht bekannt ist. Doch ich vermute, dass du dieses Buch in deinen Händen hältst, weil der Tag X neulich war. Die Scherben liegen bereits in unterschiedlichen Größen vor dir, und du weißt nicht, was du damit tun sollst. Die Abstellkammer ist schon bis zum Rand voll, du hast Sorge, wenn du sie öffnest, kommen dir die Sachen entgegen.

Na ja, nun bin ich ja da – durch dieses Buch in deinen Händen. Und ich räume mit dir gemeinsam auf. Wir haben Zeit. Die Zeit werden wir auch brauchen, denn je länger die Intuition unterdrückt wurde, desto stärker und zerstörender ist die Explosion.

Ich hole den Besen und mache gute Musik an, dann legen wir los!

Auf die Stimme der Intuition zu hören und sich somit für die Veränderungen zu öffnen, ist nichts weiter als Übungssache. Zugegebenermaßen hört sich das gerade leichter an, als es ist. Besonders die ersten Male sind recht schwierig, zäh, schmerzhaft und aufreibend. Doch irgendwann wird der »Durchlauf« durch dieses Nadelöhr leichter. Du wirst ziemlich schnell wahrnehmen können, wenn die Emotionen zu brodeln beginnen. Du wirst lernen, sofort darauf zu reagieren, auch weil du weißt, dass Wegdrücken keinen Sinn ergibt. Du wirst kurz innehalten, dich selbst beobachten, vielleicht kurz zweifeln, ob du nicht doch einfach nur Hunger oder Müdigkeit verspürst.

»Nein, das ist es nicht«, wirst du schnell sagen können und immer mehr Mut in dir finden, eine Entscheidung zur Veränderung zu treffen. Du wirst rigoros, konsequent und dennoch sehr sanft den Weg, den dein Herz auserwählt hat, gehen. Ohne Angst zu haben, falsche Entscheidungen getroffen zu haben.

Irgendwann, wenn wir alle noch besser darin geworden sind, auf unsere Intuition zu hören, holen wir uns die ganze Macht zurück. Wir müssen dann nicht mehr warten, dass Situation X passiert oder Mensch Y etwas macht, DAMIT wir glücklich werden. Die Meinung anderer wird uns immer unwichtiger, und die Lebensentwürfe Fremder müssen nicht zu unseren werden.

Das wird dir ein Gefühl von unaufhaltsamer Lebendigkeit geben! Du wirst kraftvoll, energisch, machtvoll und souverän sein und dein Leben gestalten, so wie es zu dir passt, und dich nicht mehr verstellen, damit du zum Leben anderer passt. Du strahlst dann eine Ruhe und eine Zufriedenheit aus, so dass dich viele Menschen mal insgeheim, mal direkt fragen werden: »Sag, was ist dein Geheimnis für deine leuchtenden Augen?«

Du wirst es kurz und schmerzlos lächelnd beantworten können:

»Ich lasse alle meine Gefühle zu und nehme mich selbst dabei ernst!«

TRAU DEINEM SPIEGELBILD!

»Ich habe das Gefühl«, sagte meine Freundin, die seit ein paar Wochen in einer Umbruchphase steckte, »dass sich meine Krisen miteinander verabreden. Es ist nicht möglich, dass nur ein Bereich betroffen ist, dass ich die Krise in kleinen Dosen verabreicht bekomme. Wenn es kommt, dann immer mit voller Wucht!« Sie lächelte müde. Ich lächelte aufmunternd zurück. Ich wusste, dass sie es auch diesmal schaffen würde, dass es danach besser werden und meine Freundin sich stärker, selbstbewusster und ausgeglichener fühlen würde. »Dein Herz ist eben derart willensstark, dass es keine Lust hat, die Veränderung langsam zu vollziehen«, sagte ich. »Es spürt, dass du stark genug bist, um die Krisen geballt durchzuziehen, damit das Leben endlich so werden kann, wie es wirklich zu dir passt. Sieh es als Kompliment deines eigenen Lebens an!« In meiner Stimme klang Begeisterung mit, und sie nickte vorsichtig.

»Und es wird nicht Ruhe geben, bis die Veränderungen eintreten«, sagte ich weiter. »Wenn Krise Nummer drei nicht ausreicht, dann kommt eben Krise Nummer 47!«, versuchte ich es mit einem Scherz.

Im Volksmund heißt es: »Der Teufel scheißt immer auf den größten Haufen«, und das beschreibt ganz gut die ungeschriebene Regel großer Lebenskrisen in einem einfachen Satz. Wenn es nicht läuft, dann gar nicht! Eine Krise kann auf alles überspringen – Gesundheit, Job, Beziehung, die Freude am Sein. Es ist dann schwierig, herauszubekommen, wo der Kern und die Ursache des Chaos nun wirklich liegen.

Und an jedem ach so kleinen »Pupsproblem« hängt oft schon bald ein ganzer Rattenschwanz, der den Blick immer weiter trübt und die Unterscheidbarkeit von Nichtigkeiten und ernst zu nehmenden Problemen verstellt.

Wie schön wäre es da, wenn nur ein Bereich im Leben mit dem Label *under construction* laufen würde und man den Krisenherd ganz strukturiert und in aller Ruhe bearbeiten könnte. Doch alles hängt miteinander zusammen und ist in sich verflochten, und es ist unmöglich, nur einen Bereich des Lebens verändern zu wollen und zu hoffen, dass alles andere so bleibt, wie es vorher war.

Manchmal muss einmal alles in Schutt und Asche gelegt werden, damit etwas Neues entstehen kann.

Und es kommt noch besser: Dein Veränderungsprozess wird andere triggern oder tut es bereits. Freunde, Eltern, Partner. Wenn du dich verändern willst und/oder vielleicht verändern musst, weil sich zum Beispiel deine gesundheitliche Situation oder dein Beziehungsstatus verändert haben, werden sich unwillkürlich auch die Menschen in deinem Umfeld mit ändern. Und, haha, du merkst ja gerade, wie viel Freude Wandel bereitet. Das wissen (leider) auch andere Menschen und wehren sich deshalb mit Händen und Füßen gegen deinen Wandel – denn DEIN Wandel ist auch IHR Wandel.

Wir aber wünschen uns von den uns wichtigen Menschen,

von Eltern, Partnern oder Freunden, die indirekte Erlaub uns zu verändern. Wir möchten, dass sie uns auf dem Weg der Transformation begleiten und unterstützen. Doch sie werden es nicht immer tun, werden vielleicht sogar bewusst oder unbewusst eine Abwehrhaltung einnehmen. »Bloß nicht!« denken. Und dagegen müssen wir uns behaupten, müssen mit einem langen Atem beweisen, wie ernst uns die Veränderung ist.

Du wirst vielleicht jetzt an der Auswahl deiner engsten Vertrauten zweifeln. Doch da kann ich dich beruhigen und dir aus vielen Krisengesprächen berichten, dass es allen – ! – so geht. Menschen, die sich im Umbruch befinden, erleben eine Zeit der Einsamkeit, voller Enttäuschungen und Abschiede von Menschen, die sie noch vor kurzem als Traumpartner oder -partnerin, »Lieblingsmensch«, »beste Arbeitskollegin der Welt« bezeichnet oder »Hase« gerufen haben. »Habe ich mich so in ihnen geirrt?«, wirst du dich fragen.

Aber weißt du was? Der »Hase« fragt sich das auch! Ihr beide seid voneinander zutiefst enttäuscht. Keiner ist schuld – die Dinge verändern sich nur, und das, was euch vorher verbunden hat, löst sich gerade auf.

Wenn du in einem Prozess des Neubeginns bist, empfehle ich dir, nicht um jeden Preis Unterstützung von deinen Freunden oder deiner Familie zu erwarten. Es kann sein, dass sie ausbleiben wird, außerdem ist die Gefahr groß, dass sie dir in dieser Situation nicht besonders hilfreich sind. Warum? Weil das ähnlich wie ein Zahnradsystem funktioniert und alles zusammenhängt (siehe oben). Um es nochmals an einem Bild zu verdeutlichen: Deine Familie, deine Freunde, deine Kollegen und Kolleginnen sind alle Teile dieses Systems. Sobald sich ein Zahnrad – nämlich du – in Bewegung setzt, tun das die anderen auch. Wie schon gesagt, wird nicht jeder die neue Richtung gut finden. Es wird Zahnräder geben, die bei jeder kleinen Bewegung quietschen oder die Bewegungen mit Absicht blockieren. Besonders die etwas größeren Zahnräder werden es nur ungern wahrhaben wollen, dass auch die kleineren Zahnräder eine derartige Bewegung auslösen können. Es wird dich vermutlich sehr viel Kraft und Mühe kosten, gegen die alten, verrosteten, schwergängigen und riesigen Räder anzukommen, du wirst oft erschöpft sein und eine Pause einlegen müssen.

Doch irgendwann hast du den Dreh raus, legst sozusagen einen Zahn zu, während die anderen nicht anders können, als mitzumachen: Du bewegst dich. Alles verändert sich.

Wenn du dir aber aufrichtige Hilfe und Begleitung in deinem Veränderungsprozess wünschst, dann suche dir jemanden, der dich objektiv begleiten und dir wirklichen Halt bieten kann, zum Beispiel einen Therapeuten oder eine Therapeutin, einen Coach oder die passende Community (auch im Netz).

Stelle generell immer alles in Frage, immer und immer wieder. Hinterfrage deine Freundschaften, deine Beziehungen, deine Arbeit und auch deine eigenen Handlungen. Trau dich, dabei ehrlich zu sein!

Eine Krise kommt oft leise daher. Wie nebenbei erzählt man, wie scheiße die Vorgesetzte ist, wie hohl der neue, übermotivierte Kollege, jammert ein bisschen über die Beziehung, die auch nicht mehr so ist, wie sie mal war. Jede schüttelt mitleidig den Kopf. Und schon erzählt jemand anders aus der Runde: »Der Typ, wisst ihr noch, der am Anfang so viel Gas gegeben hat, der meldet sich nicht mehr. Warum passiert mir das immer? Das ist doch unfair.«

Alle nicken dem*der Erzähler*in verständnisvoll zu, halten sich an ihren Drinks fest und beschließen still und leise, lieber für immer Single zu bleiben, bevor auch sie über solche Erlebnisse berichten müssen.

Dass unter all diesen Befindlichkeiten nur eine einzige Krise liegt, will keiner aussprechen. Ich mache es gerne stellvertretend, kein Problem: Es ist deine persönliche Sinnkrise, die du auf die Mitmenschen um dich herum projizierst. Die Verantwortung für diese zu übernehmen, sich der Krise vollkommen selbständig zu widmen, ohne die Schuld bei den anderen zu suchen, kann dauern – und anschließend die Lösung für viele Probleme sein.

Doch wie findest du heraus, welche wahren Bedürfnisse sich hinter diesen Befindlichkeiten und Urteilen verstecken? Wie kannst du Klarheit über deine Herzenswünsche bekommen?

Ich animiere Menschen gerne an diesem Punkt zur radikalen Ehrlichkeit mit sich selbst. Das kostet quasi nichts, erfordert nur etwas Mut und Risikobereitschaft (und etwas Training, denn am Anfang sind die Hürden, mit denen man sich den Blick verstellt hat, weil die Wahrheit vielleicht weh tut, noch hoch).

(Nicht ganz) Einfache Fragen für mehr Klarheit:

> Möchte ich wirklich so leben, wie ich gerade lebe?
> Möchte ich in dieser Beziehung sein? Tut sie mir wirklich gut?
> Arbeite ich wirklich gerne in meinem Beruf? Sehe ich einen Sinn in meiner Arbeit?

> Bin ich wirklich gerne mit den Menschen, die ich als »Freunde« bezeichne, zusammen?

> Fühle ich mich wirklich gut, oder tu ich nur so glücklich, weil man es von mir erwartet?

> Fühle ich mich wirklich schlecht, oder gebe ich es nur vor, weil man es von mir erwartet oder weil ich dadurch mehr Aufmerksamkeit bekomme?

> Wovor habe ich Angst und sehne mich dennoch so sehr danach?

> Was entscheide ich aus dem Bauch heraus und nicht, weil es jemand von mir erwartet?

> In welchen Bereichen bin ich zu stolz, zu stur, zu ängstlich, um mich der Realität zu stellen?

> Wem gegenüber trage ich noch Groll in mir, und wovon hält es mich in meinem Leben ab?

Auch diese Liste könnte ich noch fortführen, aber ich denke, es sind schon einige Schwergewichte dabei, und meine Message ist klargeworden.

Es erscheint dir vielleicht jetzt wie ein Keller, der bis in die letzte Ecke vollgestopft ist mit Dingen, die du versucht hast, aus dem Weg zu räumen, um sie nicht mehr sehen und dich damit nicht mehr beschäftigen zu müssen. Doch inzwischen ist da kein Platz mehr. »Alles nur Krimskrams«, wehrst du vielleicht mit bemühter Leichtigkeit in der Stimme ab, doch ich höre die Schwere und die Angst vor der Überforderung heraus. Es ist so viel von allem, du weißt nicht, wo du beginnen sollst mit dem Aufräumen, mit dem Klären. »Zuerst muss ich aber noch etwas ganz Dringendes erledigen ...«, sagst du und verschiebst das Aufräumen auf später, auf irgendwann, wenn mal wieder Ruhe eingekehrt ist.

Wir müssen nun aber in den Keller. Gemeinsam. Nun lässt sich das nicht mehr aufschieben, und das willst du ja auch eigentlich nicht. Besser wird es nicht von allein, und irgendwann musst du dich dem eh widmen. Ja, ich habe auch ein klein wenig Grummeln im Bauch, gepaart mit Neugierde: Wer weiß, welchen Schutt und welche Schätze wir in deinem Keller finden werden? Die Zeit ist reif, in die Tiefe zu gehen, zu dem, was dich blockiert. In deinem Tempo. Ich halte deine Hand, wenn du es möchtest, leuchte für dich mit der Taschenlampe in die dunkelsten Ecken. Und sollten wir viel Mist und Vergammeltes finden, so schmeißen wir es weg und erzählen keinem davon. Ja?

Ich weiß nicht, wie es dir geht, aber ich kann es nicht so gut leiden, wenn jemand versucht, mir sein Lebenskonzept aufzuschwätzen. Auch wenn ich weiß, dass das Gesagte ganz okay ist, bin ich doch viel zu stur, um mir irgendwelche Weisheiten und Lebensweisheiten anzuhören. Ich denke dann immer recht verurteilend und arrogant, als wäre das eigene Leid etwas Messbares:

»Was verstehst DU schon von meinem Schmerz?! Welche Tiefen sind dir schon widerfahren, welche Dunkelheiten über dich eingebrochen, dass du MIR sagen willst, was für mich gut ist?!«

Vielleicht denkst du auch so über mich. Ich würde es verstehen und dir nicht böse sein. Ich weiß tatsächlich nichts von deinem Schmerz, nichts über die Täler, durch die du gehen musstest, den Grund für deine noch immer entzündeten Wunden kenne ich auch nicht. Genau aus diesem Grund versuche ich gar nicht erst, dich zu belehren oder dir eine Checkliste vor die Nase zu halten, damit du in zehn Schritten oder fünf Stufen durch die Krise kommst. Ich glaube auch nicht, dass das funktioniert. Vielleicht gelingt es, jeden Schritt gedanklich nachzuvollziehen. Doch dann merkt man, dass zwar der Intellekt dabei ist, das Gefühl aber irgendwie noch auf der Strecke festhängt. Das ist wie mit dem Fliegen, nach wenigen Stunden ist man in einer komplett anderen Umgebung gelandet, man sieht die Palmen und spürt die Wärme, aber alles wirkt irreal, richtig angekommen ist man noch nicht.

In den folgenden Kapiteln möchte ich dich auf meine persönliche Krisenreise mitnehmen und dir zeigen, mit welchen Widerständen ich zu kämpfen hatte und wie ich sie überwunden habe, so dass du fühlen kannst, dass jede Krise, so unterschiedlich sie sein mag, im Kern dann doch immer gleich ist. In den unterschiedlichsten Lebensbereichen hatte ich mindestens eine Krise und habe sie alle überstanden. Ich lebe noch! Es waren traurige, intensive, sehr einschneidende Erlebnisse, sie haben mich reifer werden lassen. Trauriger, vorsichtiger, müder und verzweifelter. Aber auch sanfter und demütiger. Mutiger und risikofreudiger, weil ich nun wirklich weiß, dass ich »unkaputtbar« bin. Sie alle haben mich eins gelehrt: Ich habe weniger in der Hand und unter Kontrolle, als ich dachte. Eine Krise ist keine gerade Strecke, oft hält sie Umwege bereit oder Einbahnstraßen, man verfällt in alte Muster, die man schon als überwunden geglaubt hat, man muss wieder zurück. Dieser Weg ist nicht linear, es ist eine schmale Wendeltreppe – zu sich selbst.

Ich möchte dir auch Bilder mitgeben, die mir geholfen haben, mich zu »justieren«, wenn ich mal wieder kurz davor war, abzugleiten in alte Denkmuster und Gewohnheiten.

Die Heilung geschieht durch einen sanften Weg der Selbsterkenntnis, und so versuche ich, den Weg zu deinem Herzen auf eine Art zu finden, die auch bei mir funktioniert hat: durch persönliche Geschichten wirklich erlebter Veränderung. Meine Vorschläge für die konkreten Umsetzungsschritte sind bis in die Tiefe an mir selbst erprobt. Ich erzähle dir hier keinen Schnickschnack, damit du mich bewunderst und dich trotzdem fragst: »Das ist ja alles schön und gut, aber was hat das mit mir zu tun?«

Und noch etwas ganz Wichtiges: Der Weg aus der Krise hat nichts mit »Leistung« zu tun. Es gibt weder eine Prüfung, noch sitzt jemand neben dir und blickt dir über die Schulter. Dich wird keiner für deine Handlungen tadeln, aber leider auch nicht unbedingt laut loben und Sticker in dein Heft kleben.

Es geht nicht darum, fremde Lebenskonzepte zu kopieren. Das haben wir doch alle bereits mehrmals versucht und sind dabei kläglich gescheitert. Die Zeit ist reif für ein Leben, in dem du die Person mit all den Fähigkeiten sein darfst, die dir zur Verfügung stehen.

Deine Gaben wollen endlich genutzt werden! Nichts mehr von deinem Glanz verstecken müssen und auch kein Konfetti verteilen, wo keins ist. Ein Leben, in dem sich das Außen und das Innen im Gleichgewicht befinden.

Es ist dein Leben, dein Tempo und deine Entscheidung, wer du am Ende deiner Tage gewesen sein möchtest und wie du die Tage bis zu deiner Beerdigung herumbekommen willst.

Deshalb gehen wir jetzt die Schritte aus der Krise an. Ganz entspannt, mit einer Schildkröte als Anführerin des Weges. Wir haben Zeit. Du hast Zeit. Immer schön die Ruhe bewahren.

Vergiss bitte nicht, zwischendurch ein großes Glas Wasser zu trinken und deinen eigenen Mut zu würdigen. Denn das, was du hier gerade leistest, ist keine Lappalie, nichts für nebenbei.

Vielleicht bekommst du jetzt Angst, das nicht alles auf einmal wuppen zu können. Du wartest erst mal ab, was noch so passiert, und hoffst, dass sich einiges von alleine lösen wird. Ganz ehrlich: Das ist absolut nicht verwerflich!

Es ist verständlich, Angst zu haben, Unbehagen zu fühlen und die Krise ein wenig zu entzerren, sie in die Länge ziehen zu wollen. Denn der Umgang mit einer Krise und inwieweit man resistent ist, ist immer auch eine Typsache.

Magst du es kurz und knackig oder lieber langsamer und weicher? Beide Optionen können total in Ordnung sein. Dein Körper wird dir signalisieren, welcher Weg für dich der richtige ist (dazu später mehr).

Ich bin eher der Typ Mensch, der bei Regen und Sturm den Schirm zu Hause lässt, weil er den Kampf mit dem Knirps ätzender findet als den Regen selbst. Abgesehen davon, dass ich diese kleinen Schirme sowieso nicht ausstehen kann, weil ich finde, dass es keinen Unterschied macht, ob ich sie aufklappe oder nicht – ich werde so oder so nass. Also gebe ich mich dem Regen einfach hin. Wenn es ausgerechnet jetzt regnen muss, na gut, dann ist es halt so. Es gibt natürlich keine wissenschaftlichen Beweise dafür, doch ich bilde mir ein, dass, wenn ich mich nicht gegen das Nasswerden schütze, ich weniger nass werde. Ich füge mich der Situation, genieße es vielleicht sogar für ein paar Minuten.

Und vielleicht ist genau das meine persönliche Strategie, durch die Krisen meines Lebens zu gehen. Ich gehe raus – ins Leben –, und plötzlich fängt es an zu regnen. Ich frage mich, wie ich schon wieder unter diese dunklen Wolken geraten konnte, und merke gleichzeitig, dass es zu spät ist umzukehren. Ich blicke mich um, die schmalen Vordächer der Häuser, die Unterschlupf bieten, sind bereits mit Menschen gefüllt. Es ist, wie es ist. Ich versuche, mich zu entspannen, ziehe meinen Kragen hoch in den Nacken und gehe zielgerichtet nach Hause, wissend, dass es dort warm und trocken ist.

Ganz wichtig: Ich bin zwar eine Expertin in Sachen Krisen und Neubeginne, aber meine Erfahrungen beruhen auf meinen persönlichen Erlebnissen. Ich bin keine ausgebildete Psychotherapeutin und/oder Ärztin. Wenn du dich in einer akuten schlimmen Krise befindest mit starken depressiven Zügen oder gar an Selbstmord denkst, wende dich bitte sofort an ausgewiesene Krisenanlaufstellen. Adressen findest du auf Seite 235 dieses Buches.

Da ist sie, die Krise!

KRISE IST NICHT ZWANGSLÄUFIG
EINE CHANCE. ABER SIE HILFT,
DIE PRIORITÄTEN IM LEBEN NEU ZU SETZEN.

(ANASTASIA UMRIK)

DAS HAT WIRKLICH KEINER KOMMEN SEHEN!

Als ich eines Morgens aufwachte und der kleine Finger meiner rechten Hand plötzlich schlaff herunterhing, brach meine Welt einige Etagen tiefer in sich zusammen. Erst dachte ich, vielleicht erholt er sich noch, doch das tat er nicht. Egal, was ich auch unternahm, der Fingermuskel hatte sich für immer verabschiedet. Dazu musst du wissen, dass es für mich – eigentlich – keine allzu große Überraschung sein dürfte, wenn sich mal wieder Muskeln verabschieden. Das ist nämlich ein Teil meiner Erkrankung: Die Muskeln werden mit der Zeit nun mal weniger, bis keine mehr da sind.

Tatsächlich ging es mir damals eigentlich gut, ich vermisste nichts wirklich. Nicht das Laufen, nicht das Sich-selbst-hinlegen-Können, nicht einmal mich am Hinterkopf kratzen wollte ich jemals selbst können. Aber ich trauerte einige Wochen um meinen kleinen Finger und um das, was eben noch ging, und dann – für immer – nicht mehr möglich war. Heute ist es der kleine Finger, welcher Muskel ist morgen dran? Obwohl ich seit meinem siebten Lebensjahr wusste, dass es so sein würde, war ich wütend über diese Ungerechtigkeit, die mich wie ein Blitz traf.

Warum ich?

Warum musste ausgerechnet ich diejenige sein, die sich kaum bewegen kann, die wenig ohne fremde Hilfe machen kann und trotzdem alles scharfsinnig haargenau mitbekommt? Das ist doch unfair!

»Vielleicht hat das alles keinen Sinn mehr? Wenn ich den Finger nicht mehr haben kann, will ich nichts mehr haben«, dachte ich und weinte mich in den Schlaf wie ein verzweifeltes Kind.

Es gibt diesen einen Tag mit dieser einen besonderen Minute, in der dein altes, vielleicht sogar ziemlich gutes Leben mit einem Schmackes in die Mülltonne geworfen wird. Es passiert so schnell, dass du nicht imstande bist, adäquat zu reagieren, und noch weißt du nicht im Detail, was genau es für dich und dein Leben bedeutet, doch du ahnst: »Etwas Gutes passiert da ganz bestimmt nicht. Und das ist erst der Beginn einer endlosen Odyssee.«

Du hörst die niederschmetternde Nachricht wie aus einem Radio, bei dem der Sender nicht gefunden werden kann, nur einzelne Wortfetzen, unterbrochen von lautem Rauschen, dringen in dein Ohr. Vielleicht ist es doch nur ein Albtraum, hoffst du inständig, und du wachst gleich auf und gehst in die Küche, um dir einen starken Kaffee zu machen.

»Kneif mich mal! Ich will aus diesem Traum aufwachen!«, bittest du dir nahestehende Menschen und streckst ihnen hoffnungsvoll deinen Arm entgegen. Doch sie kneifen dich nicht, sie trauen sich nicht einmal, dich sanft zu berühren. Die Nachricht macht auch etwas mit ihnen, sie sind traurig, entsetzt und auch ein wenig erleichtert, dass es nicht sie getroffen hat. Ihr Blick ist auf den Boden gerichtet, sie trauen sich nicht, in deine

Augen zu blicken. Ganz egal, wie viele Menschen um dich herum stehen, in der Tiefe der Erschütterung bist du allein, und du wirst es auch bleiben. Denn keiner wird dir den Schmerz, die Angst und den Prozess der Gewöhnung an deinen neuen Umstand abnehmen können.

Du denkst, dass du es nicht erträgst, krank, behindert, verlassen, arbeitslos zu sein. Du denkst, du bist ab heute nichts mehr wert, eine Last für die anderen. »Wer soll mich denn jetzt noch lieben?!«, fragst du dich.

Und dann fallen dir die vielen Dinge ein, die du noch machen wolltest, aber auf später verschoben hast. Und dieses Später gibt es jetzt plötzlich nicht mehr. Du bist traurig wegen der verpassten Gelegenheiten, wütend wegen deiner damaligen Ängste und wegen des nicht gelebten Lebens. Du weinst viele Stunden am Stück. Du denkst, du kannst jetzt alles vergessen – deine Pläne, deine Träume, dein gesamtes Leben.

Warte. Warte kurz.
Du hast vollkommen recht: Dein Leben ist vorbei.
Dein altes Leben, meine ich. Es wird auch nicht mehr wiederkommen. Du bist nicht mehr der Mensch wie vor dieser schrecklichen Nachricht.
Vieles wird nun sicherlich anders sein. Aber vielleicht ja nicht alles nur schlecht?

Wir denken – oder hoffen –, dass hinter jedem schlimmen Schicksal ein tieferer Sinn liegt. Nein, liegen MUSS!, denn alles andere wäre echt blöd, wirklich fies.

Manche von uns suchen danach, und einige finden ihn. Sie sagen dann zum Beispiel, sie hätten erst nach der Krebserkrankung verstanden, worum es ihnen im Leben geht, was ihre Aufgabe ist, wie sie arbeiten und leben wollen, was ihnen wichtig ist – und was nicht. Sie trennen sich – endlich –, sie ziehen – endlich – um, sie kündigen ihren »Scheißjob«, sie nehmen vieles nicht mehr so ernst. Sie sagen, seit sie krank sind, leben sie erst gesünder – und das kann ja nicht schlecht sein, im Gegenteil.

»Ich verlor meine Beine und fand mein Glück!« oder »Das fremde Herz erweckte mich zum Leben« sagen sie dann glücklich (schreiben ihre Biographie) und erwecken den Eindruck, dass sie ohne diesen »Schicksalsschlag« gar nicht glücklich hätten werden können. Er war so etwas wie ihre persönliche Begegnung mit einer höheren Kraft. Erst mit dem Breakdown haben sie gelernt, auf die Sprache ihres Körpers und Herzens zu hören, und gehen nun ihren ganz individuellen Weg.

Ja, das kann alles stimmen! Dennoch möchte ich behaupten, dass sowohl gute als auch nicht so gute Dinge im Leben passieren, die keinen höheren oder tieferen Sinn haben. Sie wurden uns nicht von Gott, dem Universum oder sonst wem geschickt, damit wir zu unserer tiefen Lebensaufgabe finden. Das ist Bullshit. Manchmal passieren einfach schlimme Sachen, und danach ist unser Leben nicht mehr das alte. Damit müssen wir umzugehen lernen. Es sitzt keiner da oben und freut sich oder bemitleidet dich oder plant eine größere Geschichte mit dir. Davon bin ich überzeugt.

Wir müssen lernen, die eigene Bedeutungslosigkeit zu akzeptieren, ohne sich negativ an diesem Wort aufzuhängen. Wenn uns etwas nicht so Schönes passiert, fühlt höchstens der engere Familien- und Freundeskreis mit uns, dem Rest der Welt ist es recht egal, wie es uns geht. Umso wichtiger ist es, dass wir unser Wohlbefinden selbst ernst nehmen und die Priorität darauf lenken.

Denn alles, was in unseren Händen liegt, ist unsere Einstellung zu unserer eigenen Existenz.

Ich glaube dennoch, dass durch solche Schicksalsschläge etwas »Magisches« passieren kann: Der Weg zu uns selbst wird freier. Wie ein Laubbläser wird alles zur Seite gepustet, der Weg, der Boden, wird sichtbar – dadurch kann man sich weniger verlieren, weniger stolpern und schneller vorankommen. Wir werden konsequenter, rigoroser, treffen Entscheidungen, die uns guttun. Kein Drama mehr, keine Diskussionen, weniger Kompromisse. Weil wir jetzt schmerzlich feststellen, worum es wirklich geht.

Wenn du nicht weißt, welchen Sinn dein Leben jetzt noch haben soll, möchte ich dich vorsichtig und wertfrei fragen, ob der Sinn »vorher« eine tiefe Relevanz für dich hatte oder ob es nur Dinge waren, von denen du dachtest, dass sie wichtig seien? Warst du »vorher« wirklich glücklich?

Weißt du, das Ding ist, den Träumen, Visionen und der Leidenschaft ist es völlig bums, ob du behindert, krebskrank, arbeitslos oder sonst was bist. Dein Herz ist in jedem Zustand frei – wenn du es frei lässt. Deine innere Welt ist weit, hell und unendlich. Eine wahrhaftige Leidenschaft des Herzens lässt sich nicht von einer Diagnose, einer Prognose oder einer gesellschaftlichen Regel eindämpfen. Sie bekommt vielleicht einen Kratzer, eine Beule, aber all diese Dinge können niemals das Feuer in dir auslöschen.

»Du hast gut reden, du kannst ja laufen und wirst nicht immer angeglotzt!«, sagte ich früher oft zu meinen nicht behinderten Freunden. »Was verstehst du schon von meinen Problemen?« Hat mir jemals jemand widersprochen? Nein. Wie denn auch – es stimmte ja.

Doch irgendwann können auch die allerbesten Freunde das Herumgenöle nicht mehr hören. Was soll man denn damit?! Der Jammernde will ja nicht wirklich Unterstützung bekommen, er will auch nicht wirklich, dass sich etwas an seiner Situation verändert. Er will lediglich wegen seines Lebens beleidigt sein und tagein, tagaus über sein Schicksal stänkern.

Das hilft weder ihm noch seiner Umgebung weiter. Deshalb, finde ich, sollten wir den Mut haben, den Menschen, die sich in ihrem Leid verrennen, zu sagen: »Jetzt ist's auch mal gut, findest du nicht?«

Das zu hören, tut natürlich weh, das weiß ich aus eigener Erfahrung. Doch ich kenne auch den Genuss, den man aus dem Mitleid der anderen zieht, wenn ich beispielsweise erzählte, dass ich – laut der Diagnose – eine verkürzte Lebensdauer habe. Doch die Freude war extrem kurz, und bald schon war meine schlechte Laune wieder da. Verändert hat sich dadurch nämlich nichts in meinem Leben.

Wahrscheinlich denkst du jetzt, dass ich so abgeklärt und »gleichgültig« über meine Behinderung rede. Wenn ja, liegst du damit nicht falsch, doch es ist mir ein so großes Bedürfnis, immer wieder zu sagen, dass es bei weitem nicht immer so war. Ganz im Gegenteil:

Ich habe mich gehasst, mein Leben verachtet und mit 15 Jahren sogar heimlich meinen Selbstmord geplant. Gott sei Dank fand ich nie den Mut, mich selbst umzubringen, denn heute lebe ich unheimlich gerne. Doch die Pubertät und die beginnenden Zwanziger waren schrecklich. Ich fühlte in meiner Brust unheimlich viel Energie, viel Kraft und auch Ideen für meine Lebensgestaltung. Leider traf ich damit immer wieder auf verschlossene Türen und Menschen, die meine Lebenslust nicht ernst nahmen und schon gar nicht förderten. Es gab – von außen betrachtet – wirklich wenig Gründe, um mich und mein Leben gut zu finden.

Ich verbrachte viele Tage in der Traurigkeit und weinte vor Wut. Innerlich brüllte ich ins Nichts:

»Warum ich?«, und konnte nicht mit den Fäusten ins Kissen schlagen.

»WARUM ICH??«

Irgendwann kam die Antwort wie ein Gedankenblitz:

»Warum eigentlich nicht DU?«

Bum. Das saß.

Ich schaute auf meine Hände herunter, begutachtete den kleinen, süßen, schlappen Finger. (Ich wusste bis dahin nicht, dass man ein Körperteil so sehr lieben kann, wirklich nicht!) Doch mein Blick fiel ebenfalls auf die anderen neun Finger, die zwar auch schwach sind, aber noch ziemlich gut funktionieren. Ich hörte regelrecht den traurigen Vorwurf in meine Richtung: »Wir sind doch noch da und schmeißen hier den Laden! Nimmst du uns denn gar nicht mehr wahr?«

Ich hob meine Hände und legte sie sanft auf mein Gesicht.

»Doch«, flüsterte ich mit geschlossenen Augen, »natürlich nehme ich euch noch wahr. Hallo.«

EIGENTLICH IST ALLES GUT!
EIGENTLICH ...

Jetzt denkst du womöglich:»Ich habe weder eine akute Trennung hinter mir noch meinen Job verloren, und meinen Liebsten geht es auch allen gut. Trotzdem fühle ich mich niedergeschlagen, müde, antriebslos, und ich weiß nicht, warum!«

Ich kann mir vorstellen, dass diese Erkenntnis dich noch unruhiger macht, noch trauriger und vielleicht sogar noch einsamer. Weil du dir vollkommen bescheuert vorkommst, dass es dir ohne einen offensichtlichen Grund schlecht geht. Einfach so. Nichts, was andere dazu bringt, dir zu erlauben, dich innerlich taub zu fühlen. Das macht alles noch viel schlimmer!

Um im Nebel zu leben und überwiegend auf Autopilot zu funktionieren, muss man nicht etwas nach außen hin sichtbar »Krasses« erlebt haben – keine schlimme Erkrankung, keinen tragischen Unfall, keine schmerzvolle Trennung.

Ich bin mir sicher, einen Grund für deinen persönlichen Diskomfort gibt es, dir ist er nur noch nicht bewusst. Oder du nimmst das, was du fühlst, nicht so ernst, weil dir womöglich jemand deine Gefühle und deine Wahrnehmung kleinredete, indem er oder sie sagte, dass dies oder jenes »ja nicht so schlimm« sei oder dass es ja »allen gerade so geht, es eben schwierige Zeiten« seien.

Eine Krise, die scheinbar aus dem Nichts entstanden ist, ist der unbändige Wunsch nach Veränderung und Wachstum. Sie kommt immer von innen und zeigt sich im Außen.

Dabei kann eine solche Krise die Spitze eines Eisberges sein. Bislang hast du geschafft, sicher daran vorbeizuschippern, nun aber, ausgelöst vielleicht durch einen kleinen Anlass, der dich leicht vom Kurs abbrachte, kommt es zur Kollision.

Manche dich prägende Ereignisse liegen weit zurück. Es gibt Situationen in der Kindheit, in denen es besser ist, das Fühlen abzustellen und die Erinnerung daran wegzupacken, am besten, man vergisst, wohin.

Für ein paar Jahre.

Das Problem mit solchen Erlebnissen und den damit verbundenen Wunden ist jedoch, dass sie ja nach wie vor da sind – in uns, in den Zellen unseres Körpers, in unserem Herzen, in unserer Seele. Selbst wenn die Erinnerung wie eingefroren ist, »weiß« unser Körper um die Geschehnisse von damals haargenau und schlägt Alarm, sobald sich auch nur annähernd eine ähnliche Situation in unserem Leben anbahnt. Manchmal sind es Situationen, die uns in der Kindheit unsere Ohnmacht und Wehrlosigkeit vor Augen führten. Verdrängte oder ignorierte Gefühle verschwinden nicht. Sie brodeln in deinem Unterbewusstsein weiter und kommen irgendwann umso heftiger wieder zum Vorschein.

Solange du deine Gefühle nicht zulässt, können sie sich nicht auflösen. Sie belasten dich, und das macht sich dann auch körperlich bemerkbar – in Form von körperlichen oder psychischen Krankheiten.

Als Jugendliche hielten mich viele für eine »beleidigte Leberwurst«. Ich schmollte oft, war traurig, wütend, wusste nicht, wohin mit mir. »Das ist die Pubertät!«, sagten die Erwachsenen und schoben meinen Gemütszustand auf meine »besonderen« Umstände: Sonderschülerin mit einer sehr starken körperlichen Behinderung, mit Ausländer-Eltern und Akne im Gesicht, die aber trotz alledem »doch auch mal lächeln sollte«. Nie wäre man auf die Idee gekommen, dass meine schlechte Laune vielleicht NICHT auf diese Umstände zurückzuführen war.

Es dauerte viele, viele Jahre, bis ich selbst realisierte, dass meine Traurigkeit nicht nur mit meiner Behinderung zu tun hatte. (Wäre diese Tatsache als Verantwortliche für meine allumfassende Trauer nicht auch ein wenig zu simpel gewesen?!)

»Ich weiß nicht, warum ich noch immer traurig bin, Christiane!«, sagte ich schon fast verzweifelt zu meiner Therapeutin. »Ich habe wirklich Lust auf das Leben. Mit allem! Aber ich bin einfach verdammt traurig und weiß nicht, wohin damit«, meine Stimme brach mitten im Satz ab. »Was soll ich denn noch tun, damit es endlich weggeht?«

Ich verstand es wirklich nicht. Inzwischen war ich Ende zwanzig, und du kannst mir glauben, ich habe mich mit den »offensichtlichen« Krisen sorgfältig auseinandergesetzt. Ich habe meine Muskelerkrankung und alles, was sie mit sich brachte, immer wieder durchgekaut und mehrmals ausgespuckt. Ich habe mich an meinem Vater abgearbeitet, an meiner Mutter und an meinen Lehrer*innen in der Schule. Ich habe es geschafft, meinen unperfekten Körper anzuschauen und ihn aufrichtig lieben zu lernen. Ich nahm alles an, was ich einst von mir schob – und ja, es wurde durchaus besser, ich wurde »leichter«, aber ein großer Rest der Traurigkeit blieb. Ich fand ihre Wurzeln einfach nicht!

»Du musst dorthin, wo die Erlebnisse abgespeichert sind, die von niemandem bisher wahrgenommen und wertgeschätzt wurden. Erlebnisse, die zwar sehr doll weh taten und deshalb von dir als gefährlich abgespeichert wurden, doch danach von den Eltern als Nichtigkeiten abgetan wurden – weil sie gar nicht erkannten, dass es dir wirklich weh tat, weil die Aufmerksamkeit oder die Zeit dafür fehlten, oder aber, weil deine Wunde sie an ihre eigenen Schmerzen heranführen würde und sie es nicht fühlen wollten«, sagte meine Therapeutin.

Ich schloss meine Augen und versuchte, über das Fühlen der Traurigkeit zu ihren Wurzeln durchzudringen. Ich folgte dem Schmerz, als wäre er ein holpriger schmaler Weg, der mich in einen tiefen Graben meiner unliebsamen, längst vergessenen Erinnerungen führte. Es waren bestimmte Fragen, die mir geholfen haben, dorthin zurückzugehen und die Wunde mit erwachsenen Augen zu sehen:

Wie alt ist der Schmerz?

Wann bist du ihm zum ersten Mal begegnet?

Wer war daran beteiligt?

Ich suchte nach einer Tür, die ich einen kleinen Spalt öffnen konnte, um einen Blick auf mein verstecktes Erleben werfen zu können. Ich tastete mich vorsichtig vor, und dann fiel plötzlich Licht auf eine für mich besonders schwierige Zeit.

Ich war knapp sieben Jahre alt, als meine Eltern die Erlaubnis erhielten, nach Deutschland umziehen zu dürfen. In nur wenigen Wochen sollte meine deutsch-russische Mutter mit ihrer

Familie zu ihrem Vater ziehen, der schon seit einigen Jahren als Spätaussiedler in Hamburg lebte. Von heute auf morgen wurde unser Haus mit dem ganzen Mobiliar und all unseren Tieren verkauft, und mir blieb kaum Zeit, mich von meinen Lieblingsspielzeugen zu verabschieden. Von der kleinen Harfe, bei der man unter die Saiten die aufgemalten Noten schieben konnte, so dass das Gezupfe nach bekannten Melodien klang, von dem kleinen Bügeleisen aus Eisen und von meinen geliebten Puppen.

»In Deutschland wirst du alles in noch viel schöner bekommen!«, versprach mir meine Mutter. »Barbies, Schokolade, Orangen – alles!« Doch ich wollte nur meine alten Spielzeuge wiederhaben. Und ganz besonders weinte mein kleines Herz um mein senfgelbes Kleid, das einzige Kleid, das ich besaß und das in keinen Koffer gepackt wurde.

Ich sah schon auch, dass ich schon fast herausgewachsen war, die Nähte bereits aufgingen, das Gelb vom vielen Waschen ausgebleicht war, doch es war mir egal – ich liebte diesen Stofffetzen wirklich sehr! In dem Kleid hatte ich Lesen gelernt, stundenlang im Winter neben dem Ofen gesessen, mit meinem Onkel Schach gespielt, der mich immer gewinnen ließ – weshalb ich viele Jahre davon ausgegangen bin, ein Genie im Schachspiel zu sein.

Als das Kleid das erste kleine Loch auf Kniehöhe hatte, legte ich meinen rechten Zeigefinger darauf, wenn andere Menschen in meiner Nähe waren. Ich schämte mich für die Armut meiner Familie und liebte das Kleid doch so sehr.

Mit der Erinnerung an das Kleid – übrigens ist Senfgelb bis heute meine Lieblingsfarbe – schoss noch eine weitere, eindringlichere hoch. An meine geliebte Oma Valentina, die ich auch, mehr oder weniger ohne Vorwarnung, zurücklassen musste.

Auch sie kannte ich nur in einem Kleid. Es war royalblau mit vielen kleinen weißen Blümchen drauf. Dazu ein rotes floral gemustertes Tuch, das sie abwechselnd auf dem Kopf oder um die Schultern gelegt trug.

»Schreib mir bitte, ja?«, sagte sie am letzten Tag vor unserer Abreise und wischte schnell mit dem Handrücken ihre Tränen aus dem Gesicht. »Und schick mir bitte Fotos, jede Woche, wenn es nicht zu teuer ist. Ich möchte dich aufwachsen sehen.«

Ich nickte und weinte.

»Sehen wir uns nicht mehr wieder …?«, fragte ich verängstigt. Oma zuckte mit den Schultern. »Ich weiß es nicht. Ich weiß nicht, ob wir uns jemals wiedersehen!«, ihre Stimme zitterte, und mit all ihrer Kraft versuchte sie, den Abschiedsschmerz zu unterdrücken.

Ich schaute in ihr Gesicht und versuchte, mir jedes Detail in meinem Gedächtnis einzuprägen. Ich wollte sie in mir konservieren, ihren Duft, ihre Stimme, ihre Berührungen. Ich wollte sie in meiner Erinnerung für immer präsent haben und sie abrufen können, wann immer mir danach war.

Mit der Kraft, die mir noch zur Verfügung stand, hob ich meinen kleinen Arm und berührte ihre Tränen, die nicht aufhören wollten zu fließen.

»Ach, Baba …«, streichelte ich das Gesicht meiner Oma.

Ich hatte einen dicken Kloß im Hals. Seit meiner Geburt hatte ich meine Oma fast täglich gesehen. Wir haben zusammen gegessen, gespielt, sie brachte mir alte Volkslieder und Quatschgedichte bei, die ich vor versammelter Familie vortrug und damit alle zum Lachen brachte. Sie flocht meine langen blonden Haare und kicherte über meine kindlichen Witze. Immer wieder sagte sie leise, damit es ja keiner hörte, ich sei ihre allerliebste, allerklügste und allerschönste Lieblingsenkelin, und dann blinzelten wir uns verschwörerisch zu, als Zeichen, unser kleines Geheimnis für immer für uns zu bewahren.

In der folgenden Nacht stiegen wir in ein Auto, das uns zum Flughafen in der Hauptstadt bringen sollte. Als wir losfuhren, hörte ich meine liebe Oma ihren Schmerz herausschreien. Sie schlug ihre flachen Hände gegen die kalten Autoscheiben und rief:

»NEIN! Ich will nicht ohne euch sein!«

Dieser schreckliche Abschied hat mich derart gelähmt, dass ich viele Jahre niemandem erzählen konnte, wie ich jeden Tag vor Sehnsucht nach meiner Oma verging und mir ihren Duft vorstellte, um mich ihr näher zu fühlen. Allmählich verblassten meine Erinnerungen an sie und diese bittere Abschiedsszene, doch das Gefühl der Ohnmacht und der Wehrlosigkeit hat mein Grundvertrauen geprägt. Nirgendwo konnte ich ankommen, nirgends Fuß fassen, und schon gar nicht darauf vertrauen, dass eine Bindung »sicher« ist. Erst mit fast dreißig konnte ich mit Hilfe einer großartigen Therapeutin die Verlustgefühle von damals vorsichtig hochholen, sie behutsam anschauen und bewusst um meine inzwischen verstorbene Oma weinen. Das tat mir gut. Das machte mich sehr frei, und ich fühlte, ich gewinne an Mut, echte Beziehungen eingehen zu können!

Als Kinder erleben wir zahlreiche Krisen, die aber selten als solche wahrgenommen werden. Erlebnisse, die uns später als Erwachsene vielleicht als unbedeutend erscheinen, in der Kindheit aber zu tiefen Rissen in unserer Seele führen und unser Sein bis heute beeinflussen. Das müssen keine nach außen hin großen Einschnitte sein, wie die Scheidung der Eltern oder der Tod eines nahestehenden Menschen. Auch heutzutage eher »normale« Ereignisse können Auslöser größter Verunsicherung sein, wie zum Beispiel die Trennung von Freunden durch den Umzug in eine andere Stadt, der Verlust eines geliebten Haustiers, eine abwertende Aussage, die kleinmacht.

Bei mir war es der Abschied von meiner Großmutter. Meine Eltern haben das damals nicht als dramatisch angesehen. Sie hatten den großen Plan vor Augen, nach Deutschland zu ziehen, in eine viel bessere Zukunft, der ihren Blick auf meinen Abschiedsschmerz verstellte. Viele Erwachsene unterschätzen die Wucht solcher kindlichen Krisen und lassen ihre Kinder meistens damit allein. Und als Erwachsene holen uns die unausgestandenen Krisen dann ein und sind umso schwieriger zu packen, je verschlungener ihre Wurzeln sind.

Je nach Intensität der Erlebnisse würde ich immer empfehlen, eine professionelle Begleitung in Anspruch zu nehmen, aber es ist keine »Pflicht«, um aus der Krise zu kommen. Das, was allerdings unbedingt passieren muss, ist, dass negative Gefühle, wie Trauer oder Scham, die durch solche Erlebnisse ausgelöst wurden und uns lähmen und um Leichtigkeit, Freiheit und echtes Lachen berauben, aufhören. Mir haben die Erinnerungen an die besondere Umbruchzeit und das Fühlen des Schmerzes geholfen, meine innere Taubheit und die unendliche Traurigkeit im Erwachsenenalter zu begreifen. Es geht dabei nicht darum, den gesamten Schmerz in Gänze noch mal und noch mal zu durchleben, sondern ihn in der Wucht, mit der er uns als Kind getroffen hat, zu würdigen und anzuerkennen. Sich selbst im Nachhinein das geben, was wir uns von unseren Eltern oder anderen Erwachsenen gewünscht hätten, beschleunigt die eigene Heilung enorm. Sich in den Empfindungen und Wahrnehmungen nicht kleinzureden, steigert das Selbstbewusstsein und bringt das innere Gleichgewicht wieder in Ordnung.

Ja, es ist relevant, sich selbst immer mit Verständnis und Respekt zu begegnen, ganz egal, wie »banal« die Ereignisse waren oder es noch immer sind!

Ich habe meine Erkenntnisse nicht weiter mit meinen Eltern besprochen, sie hätten es zwanzig Jahre später weder ändern noch nachvollziehen können. Dennoch: Wenn uns bewusstwird, was da passiert ist in unserer Kindheit, dürfen wir schon ein paar Tage oder Wochen auf die unterlassene Hilfeleistung unserer Eltern wütend sein.

Es ist wirklich okay!

Du darfst deine Eltern sogar eine Zeitlang verachten und dafür hassen.

Ich kann mir vorstellen, wie schwer es dir jetzt fällt, dich von deinen Eltern zu distanzieren, sie in Frage zu stellen, wütend auf sie zu sein.

Ich plädiere aber für die (pure, nicht zerstörerische) Wut – auch auf Menschen, die wir eigentlich sehr lieben. Denn unterdrückte Wut ist unterdrücktes Glück. Wer seinen Groll im Übermaß kontrolliert, gerät »aus Versehen« in Krisen und hat Schwierigkeiten, den Beginn dieser zu identifizieren.

Deshalb möchte ich dich dazu ermutigen, noch heute in den Widerstand zu gehen, die Wut von damals auszuleben und umgehend die Dinge nachzuholen, die damals versäumt wurden.

Weine, tobe, schreie, hau etwas kaputt. Sperre dich ein und gib deine Emotionen frei. Stell dich dir selbst und ertrage die Intensität deines angestauten Schmerzes.

Kauf dir das Spielzeug, das dir genommen wurde oder das du nie haben durftest. Klettere auf Bäume, telefoniere, so lang du willst, schminke dich, wie du magst, und bleibe so lange im Bett, bis du nicht mehr liegen kannst. Tu das, was du nie durftest, und genieße es! (Ich trage, während ich dies schreibe, ein senfgelbes Kleid.)

WENN du es schaffst, die Schmerzen von damals von dir abzuschütteln und in etwas zu transformieren, was dich nachhaltig nährt, dann wirst du frei sein! Dann kann dir das Erleben von damals nichts mehr anhaben, du wirst darum wissen, es auch noch hin und wieder fühlen, klar – aber du wirst dich daran niemals mehr stören oder gar daran zerbrechen.

Erinnere dich und umarme dein Ich von damals. Du bist in Sicherheit. Erst dann können wir uns der Heilung widmen, denn wir wollen ja endlich raus aus der Krise und diese nicht lediglich immer und immer wieder verlagern.

Doch natürlich gibt es auch Menschen, die eine gute Kindheit hatten, in der es keine Krisen gab, und denen es aus heiterem Himmel im Erwachsenenalter plötzlich nicht gut geht. Die Erklärung dafür könnte sein, vereinfacht gesagt, dass wir alle in einem gesellschaftlichen Rahmen verankert sind, der uns nicht unbedingt als Individuen heraushebt, sondern uns subtil unter Druck setzt, hineinzupassen. Und wir trauen uns nicht, ein

Leben zu führen, das unserer Persönlichkeit entspricht, 1.) weil wir Angst vor der Ablehnung und dem Liebesentzug haben (auch durch unsere Eltern, denn selbst im hohen Erwachsenenalter und wenn die Eltern längst tot sind, ändert sich das oft nicht!), und 2.) hat uns schlicht und einfach kein Schwein beigebracht, wie ein Leben nach dem inneren Kompass, losgelöst von den Erwartungen der Gesellschaft, gelingen kann.

Du möchtest vielleicht statt einer ordentlich gekleideten Büromitarbeiterin eine Punker-Lady auf dem Bauwagenplatz sein, oder du möchtest kein Hippie mehr sein, sondern *Business like a Pro* machen. Vielleicht hast du keinen Bock mehr, die liebe Mutti zu spielen, die ihre Familie mit gesundem Mittagessen versorgt, sondern magst lieber Go-go-Tänzerin sein. Oder im Gegenteil – du möchtest, statt um die Welt zu jetten, endlich ankommen, in einem kleinen Häuschen am Waldrand, mit Katze, Buch und Rotwein.

Oder du willst all das in EINEM! All das willst du gleichzeitig sein?

Hey, warum eigentlich nicht?!

So oft habe ich den Eindruck, dass viele – viel zu viele! – Menschen das Leben der anderen leben. Das der Eltern oder das der Gesellschaft im weiteren Sinne. Auf jeden Fall eine Kopie einer fremden Idee.

Viele deiner Grundsätze sind womöglich zu einem Zeitpunkt entstanden, als du noch gar nicht in der Lage warst, sie zu reflektieren. Du hast sie dir trotzdem sorgfältig zu Herzen genommen und sie zu deinen Überzeugungen gemacht. Jetzt wirst du

vom Leben angeschubst, alles auf den Prüfstand zu stellen und
unterscheiden zu lernen, was wirklich deins ist und was nicht.

Vor einiger Zeit lernte ich einen jungen Mann kennen, dessen Vater ein erfolgreicher Pilot und Fluglotse war und sehr viel Geld verdiente. Ihm war die Bildung seines Sohnes sehr wichtig, denn er hatte eine klare Vorstellung von dessen Zukunft – er sollte in seine Fußstapfen treten. Doch der Sohn hatte weder Lust auf Schule noch fiel es ihm leicht, den Schulstoff aufzunehmen. Auch war er nie auf den Erfolg und den Status seines Vaters aus. Er brauchte weder das große Haus in einem Hamburger Vorort noch den Segeltörn und auch keine teuren Klamotten. Das alles war ihm so was von unwichtig! Er wollte Notfallsanitäter werden und Menschenleben retten. Er wollte einen Sinn in seiner Arbeit sehen, Bodenständigkeit und – Wahrhaftigkeit.

Wahrscheinlich denkst du jetzt:

»Ja, und? Soll er doch Sanitäter werden! Was soll dabei sein?«

Ich werde nicht allzu tief in diese Geschichte eintauchen, doch ich kann dir so viel verraten: Der junge Mann wurde Abteilungsleiter einer großen Firma. Er machte seinen Job im Unternehmen gut. Er sah adrett aus, war zuverlässig und immer höflich. Alle mochten ihn, und niemals hätte auch nur einer seiner Mitarbeitenden vermutet, dass ihr Vorgesetzter innerlich gefühlstaub ist. Man sah ihm die Lustlosigkeit nicht an, denn er lernte früh, zu funktionieren und »zu tun als ob«, damit es bloß keinen Ärger gab. Er fiel nicht gern negativ auf und genoss die Anerkennung seiner Mitmenschen. Doch er ging jeden Abend mit einer Leere in der Brust ins Bett und stand nur selten ausgeschlafen auf und ging so gut wie nie motiviert aus dem Haus. Er hatte nicht den Mut gefunden, sich gegen seinen dominanten Vater aufzulehnen und in dem Beruf zu arbeiten, den er von Herzen ausüben wollte.

(Kleiner Spoiler: Ich lernte ihn kennen, als die Leere für ihn unerträglich wurde.)

Das mag vielleicht jetzt ein krasses Beispiel sein (obwohl ich glaube, dass solche Geschichten verbreiteter sind, als man denkt), doch jeder von uns hat insgeheim ein paar Wünsche und Phantasien, die wir aber niemals aussprechen, aus Angst, für verrückt erklärt zu werden. Alle Wünsche sind legitim und gar nicht so abwegig! Und wer es wagt, zumindest einen dieser Träume umzusetzen, der wird von der Gesellschaft schnell als »Aussteiger« betitelt. Vielleicht sehen wir diese Menschen auch als Vorbilder, mutige Frauen, total krasse Typen, schieben aber schnell ein »Also ich könnte es ja nicht!« hinterher und kichern verlegen, an die eigene »verbotene« Phantasie denkend.

Denn so viel Freiheit sind wir nicht gewohnt, im Gegenteil. Wir sind wie Schafe, die der Herde hinterherrennen. Mal vorwurfsvoll blökend, mal zufrieden geradeaus blickend und am zu trockenen Gras kauend. Aber niemals würden wir es wagen, die Herde – mir nichts, dir nichts – zu verlassen und auf die Wiese gegenüber zu gehen, obwohl das Gras dort unberührt und sehr saftig ist. Lieber würden wir an dem trockenen, geschmacklosen, nicht nährenden farblosen Grashalm ersticken, als eine Wiese weiter zu weiden. Oder?

Es ist nicht immer angenehm, aber am Ende großartig, die Verantwortung für das eigene Leben zu übernehmen. Entscheidungen zu fällen. Nein zu sagen oder bedingungslos ja!

Zu wissen, wofür man steht, und den Mut zu haben, dafür zu kämpfen.

Natürlich hängen der Alltag und unser sogenanntes Schicksal nicht ausschließlich von uns selbst ab. Allerdings haben wir es in der Hand, ob beispielsweise bestimmte Menschen, über die uns das Bauchgefühl nichts Gutes sagt, in unserem Leben bleiben müssen oder ob wir uns unangenehmen Situationen wirklich (!) aussetzen müssen oder ob wir es tun, weil ... Ja, eben – warum eigentlich?!

Doch sobald eine Entscheidung getroffen werden müsste, geht das »Herumgeeiere« los. Vielleicht kennst du es auch von dir:

»Aber ja, aber nein, aber ja, aber nein. Ich weiß es nicht!!!«

Am Ende hat sich nichts verändert, und dann zack – ist das Leben schon fast um.

Die Zögerlichkeit hat ihren Ursprung in einem sehr präsenten Risikobewusstsein und der Annahme, dass jede Entscheidung, jeder Schritt, eine schreckliche Gefahr mit sich bringt.

»Weiß ich denn, ob es mir nach der Veränderung wirklich besser gehen wird? Nein. Also bleibe ich besser da, wo ich bin, bis ich weiß, was geschieht, wenn ich irgendwas verändere«, sagst du vielleicht, und ich kann dich besser verstehen, als du es denkst.

Doch lass mich dich vorsichtig warnen, dass deine Untätigkeit und dein »Abwarten« ebenfalls ihren Preis haben. Einen sehr hohen sogar!

Denn: Eine bewusste Passivität birgt eine weitaus größere Gefahr in sich als ein mögliches Scheitern, nämlich das tragische Risiko, das Leben zu vergeuden.

Willst du das wirklich? Ich kann mir nicht vorstellen, dass dem so ist. Das passt nicht zu dir!

Deine Sehnsucht leitet dich bereits, der Kopf bremst dich noch ein wenig.

Das macht nichts – dein Herz ist so oder so viel stärker.

Um- und Irrwege

WHEN EVERYTHING STINKS,
WASH YOUR FACE.

(ZEN-SPRUCH)

KRISE? WELCHE KRISE?!

»Geht es dir nicht so gut?«, fragte mich meine Kollegin in der Kantine eines großen Versandhändlers, bei dem ich eine Ausbildung zur Groß- und Außenhandelskauffrau machte. »Wieso? Doch! Alles okay!«, erwiderte ich mit zusammengezogenen Augenbrauen. Ich war überrascht, diese Frage zu hören, und etwas in mir empörte sich. Ausgerechnet an diesem Morgen hatte ich besonders lang vor dem Spiegel verbracht, mich geschminkt, die neue Bluse angezogen und Parfüm aufgelegt.

Ein paar Tage später: eine ähnliche Szene. Ob ich gerade viel zu tun hätte für die Prüfungen, sprach mich beim Warten auf den Fahrstuhl ein Kollege an, ich sähe sehr müde aus. Ich verneinte lächelnd, schob meine Augenringe auf die Erschöpfung von dem langen, kalten Winter.

Doch es hörte nicht auf. Fast täglich fragten mich Menschen, ob sie etwas für mich tun könnten, weil ich so angeschlagen wirke. Zuerst wehrte ich vehement ab, schon bald hinterfragte ich solche Kommentare gar nicht mehr. »Vielleicht bin das einfach ich: eine Frau, die traurig aussieht, obwohl ich mich nicht als solche wahrnehme«, dachte ich, und im nächsten Moment: »*Deal with it!*«, ich wollte mich sowieso weniger um meine

Wirkung auf andere kümmern. Und eine plausible Erklärung hatte ich auch parat:»Bestimmt sehen sie mein Leuchten nicht, weil sie in erster Linie den Rollstuhl wahrnehmen.«

Eines Abends traf ich mich mit einer Freundin in einer Bar. Nachdem wir beide unseren Wein bestellt hatten, fragte sie mich vorsichtig:»Alles in Ordnung? Du wirkst so angespannt. Ist etwas passiert?«

Da platzte mir der Kragen. In meiner Vorstellung wollte ich jemand sein, der den Raum mit Licht flutet. Eine Frau, der man ansieht, wie sehr sie das Leben liebt. Ich wollte alle mit meinem Lächeln anstecken!

»Ich höre diese Frage im Moment ständig, und es nervt. Ich fühle mich gut. Wirklich!«, meine Stimme zitterte, und ich versuchte, meine Wut zu unterdrücken. Ich hatte mich vor dem Treffen extra fünfzehn Sekunden lang selbst im Spiegel angelächelt, um glücklich auszusehen! (Das hatte ich mal in einem Ratgeber gelesen.)

»Wenn du lächelst, lächelt zwar dein Mund, aber deine Augen sind so ... traurig und manchmal wütend irgendwie. Deshalb fragte ich. Sorry«, sagte meine Freundin vorsichtig. Ich ging darauf nicht weiter ein, und sie ließ mich von da an mit dieser Frage in Ruhe. Allerdings konnte ich diesen Satz nicht vergessen, er arbeitete in mir. Ich wollte nicht wahrhaben, dass meine Augen mehr über meinen Zustand verrieten, als ich es kontrollieren konnte.

Wenn dir sieben von zehn Menschen sagen, dass du traurig oder wütend auf sie wirkst, dann haben sie höchstwahrscheinlich recht. Vielleicht ist es dir nicht bewusst, aber deine Augen verraten mehr über deine Seele, als du denkst.

Ich war damals Anfang zwanzig und kannte bereits sehr viele Tiefs und leider zu wenige Hochs. Mein Leben glich einer Achterbahn im Nebel, ich fühlte zwar die Bewegungen der Fahrt, doch sah ich meine eigene Hand nicht vor Augen und wusste nicht, welche scharfe Kurve als Nächstes kommt. Deshalb spannte ich mich einfach durchgehend an, um auf jede Situation vorbereitet zu sein.

Dabei hatte ich zu diesem Zeitpunkt schon viel erreicht. Statt in einer »Werkstatt für Behinderte« war ich in einem der bekanntesten Modekonzerne Hamburgs gelandet; statt in einer »Wohngruppe für Behinderte« wohnte ich in eigenen vier Wänden. Ich hatte alles alleine organisiert, um ein möglichst normales Leben führen zu können.

Ich wollte, ich kämpfte, ich bekam!

Ich hatte verstanden, wie stark ich bin und dass ich genug Kraft habe, um gegen alle Vorurteile, die mir entgegengebracht werden, anzukämpfen. Nach außen hin konnte ich das Augenleuchten auch für ein paar Stunden »anknipsen«, damit mich Menschen mit ihren Nachfragen, ob es mir gut ginge, in Ruhe ließen.

Sobald ich aber alleine war, fiel meine Maske, und zum Vorschein kam mein versteinertes Gesicht mit den traurigen Augen, das ich auch vor aufmerksamen Menschen nicht mehr verstecken konnte, siehe oben.

Dass ich meine gesamten Zwanziger in einer Krise verbrachte, wollte ich natürlich zu keinem Zeitpunkt wahrhaben, und tatsächlich empfand ich es auch nicht so – dafür fühlte ich mich selbst viel zu wenig. Ich war innerlich taub. Ich konnte nicht einmal weinen.

»Krise? Welche Krise?! Ich bin mitten im Leben«, wehrte ich ab.

»Du musst über dein Erlebtes mal mit jemandem sprechen!«, riet mir meine Freundin, die von meinem Weg wusste, aber längst nicht alles kannte, und schon gar nicht das, was besonders weh tat.

»Mit jemandem, der dir professionell helfen kann.«

»Du meinst also, ich bin reif für die Klapse, ja?«, lachte ich – oder besser gesagt mein Mund, denn in mir fühlte ich nur Traurigkeit und nichts anderes. »Ich wüsste gar nicht, wo ich anfangen soll«, sagte ich schulterzuckend.

Der Verlust der Kommunikationsfähigkeit, der einen in einer Krise noch einsamer macht, ist das Fatalste an der ganzen Sache. Es ist so viel von allem gewesen und ist es noch immer, dass man gar nicht weiß, wie man alles in Worte fassen soll.

Ich dachte ein paar Tage über den Vorschlag meiner Freundin nach und beschloss dann: nichts zu machen. Ja, mir ging es nicht besonders gut, das stimmte, und ich war nicht besonders glücklich, auch das war wahr.

Aber mal ehrlich: »Wer ist denn schon richtig glücklich? Kennst du jemanden, der sagt, er oder sie sei so richtig zufrieden mit dem eigenen Leben?«, versuchte ich, mich damals selbst zu beruhigen.

Heute kenne ich solche Menschen, doch damals kannte ich sie wirklich nicht. Ich fand, dass alle um mich herum irgendwie mit mir im selben Zug saßen, mit traurigen Augen und tauben Seelen. Doch bezeichnet es keiner als »Krise«. Denn eine KRISE, die haben nur die anderen – Drogensüchtige, Langzeitarbeitslose, Verwirrte.

Manchmal ist das Seil, das die Verbindung zwischen unserem Kopf und dem Herzen, zwischen den scheinbar unvereinbaren Polen, herstellt, so gespannt, dass wir glauben, es besser zerschneiden zu müssen, bevor es reißt und alles in Einzelteile zerspringt.

Wir ignorieren dann, dass wir eigentlich etwas anderes sein wollen, als wir es gerade sind. Wir ignorieren vielleicht sogar unsere sexuelle Orientierung, verleugnen unsere Wurzeln, wollen weniger feinfühlig sein, nicht melancholisch, nicht orientierungslos, maskuliner, femininer, mutiger, offener, freier und natürlich einfach nur – entspannt!

Wir denken, es fällt niemandem auf, dass wir die Verbindung zu unserem Herzen und zu unserem eigentlichen Wesen gekappt haben.

Doch sensible Menschen spüren das. Sie können vielleicht nicht genau benennen, WAS sie wahrnehmen, was genau »nicht stimmt«, doch sie fühlen diese Leere, die dadurch in uns entstanden ist.

Wir dagegen versuchen, uns abzulenken. Wir gehen aus, wir entwickeln Süchte, wir verfallen dem Tun und verweigern das Sein. Doch die innere Lücke lässt sich weder wegarbeiten noch wegfeiern. Sie wird immer größer, so groß, bis wir uns endlich eingestehen müssen, in einer Krise zu sein.

Wer weiß, wenn das Aussprechen der Ängste und des inneren Schmerzes nicht so stark mit Scham und dem Vorurteil, nichts im Griff zu haben, belegt wäre, würden sich vielleicht mehr Menschen als »Verwirrte« outen und sich mutig ihren Themen stellen. Wie gut das wäre!

Dass du in einer Situation bist, die dir nicht mehr dient, weißt du nicht erst, seit du das hier liest. Das weißt du schon längst, das fühlst du einfach! Die Lösung dafür weißt du aber noch nicht, und deshalb wankst du hin und her, lässt dich von den Ereignissen treiben wie Spreu im Wind. Und dich so richtig deinen Themen widmen willst du irgendwie auch nicht.

Keine Zeit, keine Ahnung, keine Lust.

Vielleicht hast du mal einen Film geschaut und anschließend gerührt gedacht, dass du auch gern eine Heldin wärst, die für sich selbst mutig einsteht, egal, was andere von ihr denken, oder ein entschlossener Mann, der sich von seinem Weg unter keinen Umständen abbringen lässt. Oder dir ist mal ein Mensch begegnet, der in dir all das, was du ahnst, aber dich noch nicht getraut hast zu zeigen, erkannt und dich ermutigt hat, konkrete Schritte in die Richtung deines echten Selbst zu gehen. Vielleicht warst du zunächst gegenüber der Idee eines Wandels nicht abgeneigt, im Gegenteil – du warst begeistert, fasziniert von der konkreten Umsetzung einer größeren Lebensveränderung! Du konntest es kaum erwarten, endlich mit deiner persönlichen Transformation loszulegen, auch wenn du darüber sehr aufgeregt und ein wenig ängstlich warst.

Du hast dich in der letzten Instanz nicht getraut, weiterzugehen. Im letzten Moment hast du gekniffen, in der Hoffnung, dass du dem Sturm einfach entkommst, indem du ihn ignorierst. Nun bist du wieder an dieser Stelle, und die Wolken ziehen sich erneut über deinem Kopf zusammen. Der Sturm ist schon wieder im Anmarsch, und diesmal wirst du ihm nur bedingt ausweichen können.

Ärgere dich nicht weiter allzu lange darüber! Wir drehen alle manchmal Extrarunden, bis wir endlich das gelernt haben, was für uns wirklich wichtig ist.

Mir scheint es, als wären wir oft auf der Flucht vor dem eigentlichen, echten Leben. Was uns antreibt? Paradoxerweise der Wunsch, anzukommen. Endlich ankommen! Bei uns selbst.

Wir suchen. Nach dem richtigen Partner oder der richtigen Partnerin, der perfekten Wohnung, einem neuen Job, einem neuen Kleid, nach einem neuen Auto, nach den Ursachen unserer Müdigkeit, der Lethargie, der schlechten Laune. Wir wollen begreifen, warum die Menschen so oder so handeln, diese oder jene Entscheidung fällen, warum sie so egozentrisch und so unfair uns gegenüber sind. Wir suchen nach den Fehlern der anderen, nach ihren Macken. Wir rennen davon und winken den Wurzeln unserer Probleme aus der Ferne, tun so, als hätten wir sie nicht wahrgenommen, nicht gesehen. Wir wühlen im Sumpf der Vergangenheit, geben den Ursprungsfamilien die Schuld und fühlen uns vom Schicksal verarscht.

Doch wir weigern uns partout, uns selbst kennenzulernen! Komm, bleib doch kurz mal stehen.

Bleibe stehen und werde richtig ehrlich – mit dir.

Wie geht es dir gerade wirklich?

SAG MIR, WAS ICH TUN SOLL, DAMIT ES WEGGEHT!

Ich wünschte, ich könnte jetzt erzählen, dass die ständigen Fragen, ob es mir nicht gut ginge, und die ehrlichen Hinweise meiner Freunde auf meinen traurigen Blick mich derart berührt und zum Nachdenken gebracht hätten, dass ich mich meinen Themen stellte.

Leider nein – das Gegenteil war der Fall.

»Du hast einen Job. Eine Wohnung. Meinst du nicht, dass du schon genug erreicht hast? Wie viele Menschen mit deiner Behinderung kennst du, die das alles geschafft haben?«, versuchte meine Mutter meiner Unzufriedenheit zu begegnen. Tatsächlich fielen mir nicht so viele ein, aber das war kein Maßstab für mich. Ich träumte von der großen Bühne, rotem Teppich, begeistertem Publikum, das meinen »hohen Wert« sichtbarer machen sollte.

Ich dachte, wenn ich DAS alles erreicht habe, dann bin ich nicht mehr traurig, nicht mehr verloren, innerlich taub und klein mit Hut. Dann werde ich es allen – und mir selbst – bewiesen haben, dass ich intelligent, stark, begabt und schön bin.

»Euch werde ich es allen zeigen!«, schwor ich mir und meinte damit alle Menschen, die nicht an mich glaubten, die mich unterschätzten. Und je mehr sie das taten, umso wütender, härter, strenger mit mir selbst und auch den anderen wurde ich.

Was ich aber damals nicht wusste, weil ich ja meinen eigentlichen Zustand verleugnete: So entsteht eine Hornhautschicht über dem Herzen, die mit jedem negativen Erlebnis immer dicker wird. Irgendwann reagieren wir kaum noch auf Verletzungen, schlimme und leider auch schöne Ereignisse lassen uns kalt. Wir kommentieren sie gleichgültig mit einem kaum sichtbaren Schulterzucken und wirken abgebrüht, cool, erfahren.

»Hab ich alles schon mal erlebt, hab ich alles schon gesehen und gehört«, sagen wir mit einem müden Lächeln. Und fühlen nichts. Wir merken nicht, wenn man uns verletzt, aber auch nicht, wenn wir andere verletzen. Wir weinen weniger, aber wir freuen uns auch kaum noch. Alles so stumpf, alles so lauwarm. Wir fühlen uns stark, doch eigentlich setzen wir die gesamte Kraft dafür ein, um die Schwäche geheim zu halten. Das ist nichts, worauf wir stolz sein sollten. Ein mit Hornhaut besetztes Herz ist bemitleidenswert.

Doch hinter dieser Schicht liegen so viel Kraft, so viel Wärme, all das Leben!

Mit zweiundzwanzig verließ ich das Unternehmen, um mein Abitur nachzuholen. Ich hatte nur ein Ziel: studieren. Welches Fach, war zweitrangig, Hauptsache ein Studium, damit ich allen beweisen konnte, dass ich wirklich (!) schlau bin. Ich hatte einen solchen Drang, aus meinem behinderten Körper, aus meinem »schwierigen« Leben herauszukommen, dass ich wie fremdbestimmt agierte.

Also blickte ich in den Spiegel, kniff meine Augen zusammen, bis ihr Grün wie kleine Laserstrahlen funkelte, und beschwor mein Spiegelbild noch eindringlicher: »Und jetzt beweisen wir es allen so richtig! Nie wieder wird jemand jemals sagen, du könntest etwas nicht. Nie. Wieder.«

Ich begann ein Studium der Sozialen Arbeit und gründete parallel die Initiative »anderStark – Stärke braucht keine Muskeln«. Das war ein Fotoprojekt, bei dem Frauen mit einer Muskelerkrankung, wie ich sie habe, in Szene gesetzt wurden, wobei ihre Persönlichkeit und ihre Schönheit im Vordergrund standen und nicht ihre Behinderung. Ergänzend zu dem Fotoprojekt initiierte ich unter demselben Namen eine Modenschau, bei der Frauen mit und ohne eine sichtbare Behinderung Mode von Hamburger Designern auf den Laufsteg brachten. Da hatte ich endlich meinen roten Teppich, Scheinwerferlicht und mediale Aufmerksamkeit. Ich war stolz auf die Projekte, schrieb bis tief in die Nacht Mails, selbst wenn meine Finger sich kaum bewegten, stand früh auf, schlief nur fünf Stunden pro Nacht. »Das reicht mir völlig!«, sagte ich und meinte es auch so, was aber daran lag, dass ich meine wahren Bedürfnisse – körperliche und seelische – zu dieser Zeit gar nicht erst wahrnahm. Am Abend ging ich aus, trank viel Alkohol, rauchte, knutschte oft (was rückblickend das Beste von alldem war). Hätte mich damals jemand gefragt, ob ich glücklich bin, hätte ich hundertprozentig mit einem »JA!« geantwortet. Ich hätte darauf bestanden, dass man mir glaubt, dass ich mit allem, was ich mache und habe, absolut happy bin.

Ich war plötzlich nicht mehr »die Behinderte« mit den verrückten Hirngespinsten. Ich war jetzt eine junge Aktivistin, die sich mit kreativen Ideen für Diversität in unserer Gesellschaft starkmachte und um die die Medien sich rissen.

Hört sich gut an, nicht wahr?!
Aber weißt du, was richtig, richtig traurig an dieser Erfolgs-
geschichte ist? Ich fühlte das Glück nicht. Ich war leer. Ich
funktionierte gut, sagte kluge Sachen, hatte tolle Ideen, doch
all das geschah wie durch einen Schleier. In Wahrheit war ich
die unglücklichste junge Frau der ganzen Stadt! Ich gab vor,
Dinge zu wollen, damit niemand sah, dass ich nicht bekam,
was ich wirklich brauchte.

Manche Menschen sind energie- und kraftlos, wenn sie in eine
Krise kommen. Andere verspüren eine gleichbleibende Kraft,
vielleicht sogar einen Energieanstieg. So wie zunächst bei mir –
die extreme Wut und der Vorsatz, es ALLEN zu zeigen, waren
meine Energiespritzen. Taten sie mir gut? Nein. Aber sie hal-
fen mir, in den schwierigen Jahren zu überleben. Wenn ich
müde war, erholte ich mich nicht etwa, sondern legte noch
eine Schippe obendrauf. Ich gründete ein Designlabel: »inklu-
WAS – design, das denken verändert«.
Es lief sofort sehr gut an, die Menschen kauften uns das La-
ger leer. Doch mich selbst beeindruckte das alles kaum noch.
Ich wollte nur noch … irgendwas. Aber was, wusste ich nicht.
Ich war gereizt, unausgeglichen, schob es auf meine Behinderung, meine Assistentinnen und im großen Stil natürlich
auf die gesamte Gesellschaft – ich sah in jedem und allem eine
potenzielle Ablehnung meiner Person. Weil ich behindert bin.
Eine Sonderschülerin war. Ein Arbeiterkind. Frau. Ich gab jedem die Schuld an meinem Leid, damit ich mich nicht dem
tieferen Wandel hingeben musste.
Gleichzeitig versuchte ich fieberhaft, meinen Platz in der
Gesellschaft zu finden. Was MUSS ich leisten, wie MUSS ich

sein, um geliebt zu werden? Wie gut MUSS ich noch werden, um endlich glücklich zu sein?? Vielleicht kommen dir diese Fragen, die ich mir damals stellte, auch bekannt vor. Ich definierte mein Glück über mein Äußeres und meine beruflichen Erfolge. Doch es wurde einfach nicht besser, das Glück blieb fern, während meine Kraft – die psychische und die physische – sank. Ich wurde immer energieloser.

Viele Jahre hatte ich nach meinem Platz und nach einer Nische gesucht, in der ich all mein Können und meine Ideen ausleben konnte. Doch jetzt wollte ich weder neue Ideen für meine Projekte entwickeln noch Mails beantworten und schon gar nicht am Laptop sitzen. Mein Bauch zog sich zusammen, wenn eine Bestellung über den Onlineshop reinkam. Ich tat alles, um mein eigenes Business zu ruinieren, und konnte es mir selbst nicht erklären. Ich wollte es nicht wahrhaben, dass ein Teil in mir sich entschlossen hatte, damit nicht mehr weiterzumachen, weil er noch immer die Sehnsucht nach »mehr« nicht gestillt bekommen hatte. Der Abschied setzte ein, somit auch die Scham, die Angst und die Trauer. »Was stimmt denn eigentlich nicht mit mir?!«, fragte ich mich. Ich schämte mich, weil ich wusste: Viele Menschen werden enttäuscht über meine Entscheidung sein. Sie werden es nicht nachvollziehen können, sie werden mich (mal wieder) für verrückt erklären und sich vielleicht von mir im Stich gelassen fühlen. Ich hatte Sorge, dass meine »Kritiker*innen« mich auslachen und rufen: »Hab ich es doch gleich gesagt, dass du es nicht kannst!« Ich schämte mich auch vor mir selbst und meinem eigenen strengen Urteil. Ja, ich fühlte mich als die größte Versagerin.

Ich fühlte mich »undankbar«, fast schon dreist, dass ich die Freiheit einforderte, schon wieder etwas Neues zu wollen. Ich hatte Angst, dass ich mit dem »Neuen« – von dem ich noch nicht mal wusste, was es genau sein würde – kein Geld verdienen würde, dass es diesmal nicht so geschmeidig klappen würde, dass mich die Menschen nicht verstehen würden. Zeitweise konnte ich vor lauter Geldsorgen nicht schlafen, und wenn, dann hoffte ich, nicht mehr aufzuwachen, bis sich die Probleme und alle Entscheidungen von selbst in Luft aufgelöst hätten. Erst als ich die Trauer, aber auch den Stolz auf das, was mal war, was ich wirklich vielen Meinungen zum Trotz alles auf die Beine gestellt hatte, zulassen konnte, konnte ich die Krise um meine berufliche Neuentdeckung abfedern und mich den neuen Herausforderungen und Ängsten mit gewohnter Energie stellen. Dieser Prozess des Neubeginns dauerte ganze dreieinhalb Jahre. Schneller ging es nicht.

Die Krise kommt, wenn das Tun das Sein überwiegt.
Daran zerbrechen wir.
Weil es nicht zu uns passt.

Insgeheim hoffen wir doch alle, dass der Kelch der Veränderung geschmeidig an uns vorübergeht! Wir wollen glücklich sein, ohne das Unglück je aus der Nähe gesehen und erfahren zu haben. Wir wollen klar sehen, ohne im Nebel gestanden zu haben. Wir wollen aus vollstem Herzen geliebt werden, aber ohne uns gänzlich der Verbindung zwischen zwei Menschen hinzugeben.

»Wir jubeln über das Erreichte, aber den Schmerz des Übergangs verschweigen wir«, habe ich mal irgendwo gelesen. Und das stimmt.

Wir sehen immer das, was gut läuft, besonders dann, wenn

es bei den anderen besser läuft als bei uns. Wir bewundern ihre Lebenswege und ihren Mut, sich den schwierigen Themen zu stellen, doch scheuen uns, diesen Weg selbst zu gehen. Wir vertragen keine Stille, aber auch nicht die Kommunikation mit unserem eigenen Körper. Wir wollen weder den Berg besteigen noch ins kalte Wasser steigen. Lieber in die »Zauberkugel«, und – schwups – stehen wir bereits als neue Menschen auf der Bühne des Lebens!

Ganz egal, in welcher Krise sich jemand befindet, und es ist auch fast egal, wie man genau hineingeraten ist, wie groß der »Misthaufen« ist, viele Menschen äußern nur einen Wunsch: »Sag mir, was ich tun soll, damit es weggeht!«

Ich kann mir vorstellen, dass gerade jetzt auch deine Hoffnung sehr groß ist, dass es schon bald wieder »wie immer« sein wird, dass du besser schläfst, der Druck von der Brust verschwindet und du endlich wissen kannst, wo dein Platz auf diesem Planeten ist. Du willst am liebsten dort weitermachen, wo zuletzt dein Leben auf »Pause« gedrückt wurde, nur halt ein bisschen »besser«.

Ich wünschte, es wäre anders, doch leider gibt es nicht den einen Weg, die eine Methode, und auch keine Checkliste, die man nach und nach abarbeiten kann, um aus der Krise zu kommen.

Ich hatte in meiner größten Krise auch die Hoffnung, dass ich nur ein paar Therapiesitzungen machen müsste, ein paar Bücher lesen, Seminare besuchen – Selbstliebe, Tschakka!, Meditation, Empowerment, Selfcare, Kerze –, bitte, das muss doch jetzt auch gut sein! Ich suchte, ich zweifelte, ich schrie, ich weinte, ich schwieg, ich ... tat alles (!), was du dir vorstellen kannst, um das Glück und die Zufriedenheit in meinem Leben zu fühlen. Leider blieb mein Herz verschlossen. Nichts wollte ich so sehr, wie wieder »normal« sein. Ein normaler Job, ein normales Leben, normale Träume, normale Ziele. Mit neunundzwanzig Jahren hatte ich etwa fünfzehn Jahre nicht geweint, außer mal bei einem Film. Erst als ich aufhörte, meinen Wandel bekämpfen zu wollen, und mich in die Wunde, in die aufgeplatzte Panzerschicht hinein entspannte, meine Erlebnisse, meinen Schmerz und meine Angst vor dem Tod würdigte, kamen unzählige Gefühle hoch und mit ihnen all die aufgestauten Tränen. Manchmal ein paar Minuten am Tag, manchmal mehrere Stunden am Stück. So lange, bis ich das Glück wie kleine Sonnenstrahlen an einem warmen Tag im Frühling zurückkommen sah und ihm mein Gesicht entgegenstreckte.

WER BIST DU OHNE DEIN DRAMA?

»Boah, stell dir vor, wie glücklich wir sein werden, wenn der ganze Scheiß endlich vorbei ist!«, sagte meine Freundin Julia, die ebenfalls einen sehr verzwickten Lebensweg hat.

»Oh ja«, stimmte ich ihr verträumt zu. Ich versuchte, mir die Zeit »danach« vorzustellen. Es gelang mir nicht, was mich sehr irritierte. Bei mir ploppten lediglich Filmszenen oder Ausschnitte aus dem Leben anderer Menschen hoch. In meiner eigenen Erinnerung gab es wenige Ereignisse voller Leichtigkeit und Glück, auf die ich hätte zurückgreifen können.

»Du, meinst du, wir können das überhaupt, dieses Glücklichsein?«, fragte ich Julia.

»Wie meinst du das?«, fragte sie zurück. »Alle wollen doch glücklich sein!«

»Ja, schon, ich ja auch. Aber ich war es so selten. Ich war mehr in der Melancholie und Trauer, ich weiß gar nicht, wie es ist, wenn alles gut ist«, gestand ich ihr und schämte mich für die Erkenntnis.

Der kleine Ausschnitt aus dem gemeinsamen Nachmittag ging mir sehr lange nicht aus dem Kopf. Mich irritierte es, dass ich mir eine »gute Zukunft« gar nicht vorstellen konnte. Ich wusste nicht, wie es sich anfühlt, zum Beispiel seinen

Körper bedingungslos zu lieben, in einer glücklichen, unkomplizierten Beziehung zu sein oder keine Geldsorgen zu haben. Ich träumte davon, über das ganze Gesicht zu strahlen und es ehrlich zu meinen, wenn ich sage: »Ich bin glücklich!« Doch diese Erfahrung fehlte mir.

Weil ich diesen Zustand, das »Leicht«, nicht kannte, hatte ich mich an das »Schwer« gewöhnt und bezeichnete es oft als »Das Laster einer russischen Seele« oder »Mein Schicksal als Behinderte« oder »Ich brauche die Schwere, um kreativ sein zu können«. Ich nahm es als Teil meiner Persönlichkeit an und überließ ihm die Kontrolle über mein Fühlen. Immer wenn ich über eine innere Blumenwiese leicht und sorgenfrei tanzen wollte, hielt es mich davon ab, zog es entweder ins Lächerliche oder führte mir Tausende Beispiele vor Augen, weshalb es ja gar nicht stimmen KANN, dass ich glücklich bin.

Dass es völliger Bullshit ist, durfte ich schmerzvoll erfahren, weil das Unglücklichsein mich so sehr zermürbte, dass ich morgens gar nicht mehr wusste, warum ich aufstehen sollte. Ich stand trotzdem auf, aber ich war so selten wirklich »da«.

Gibt es vielleicht manchmal gar keinen konkreten Anlass? Ist es bloß das Muster oder die Gewohnheit, negativ zu denken, zu fühlen und nur das Schlechte zu sehen?

Eine steile These, ich weiß. Doch je mehr ich mich mit dem Thema Krise und Neubeginn auseinandersetze, desto mehr stelle ich fest, dass es tatsächlich ein großes Problem vieler Menschen ist, die sich nach einem krisenfreien Leben sehnen: ihr Fokus ist 24/7 auf die negativen Gefühle ausgerichtet. »Wie fühle ich mich? Schlecht? Bin ich traurig? Finde ich die Situation schrecklich?« – mit dieser inneren Checkliste im Hintergrund wird jede Situation dahingehend interpretiert, wo ich mich auskenne und zu Hause fühle: in der Schwere.

Es gibt Menschen, die haben gelernt, über das Negative ihre Freude zu finden, ihre Zugehörigkeit. Mit dem Schmerz des Lebens kann man so vieles rechtfertigen und sich selbst durchgehen lassen: Alkohol, Zigaretten, Drogen, ständig neue Sexualpartner*innen oder Beziehungen, die sich immer wieder nach großer Liebe anfühlen, sich aber verlieren in der Resignation, der Wut, der Lieblosigkeit und der Gleichgültigkeit.

Mir begegneten viele Menschen, die mir von ihren riesigen Herausforderungen und Problemen berichteten, sich emotional so richtig hineinstürzten und mich dann, nach einem zweistündigen Monolog, erwartungsvoll anblickten, darauf wartend, eine schnelle Lösung präsentiert zu bekommen. Doch sobald ich auch nur vorsichtig ansetzte, dass das Problem und damit auch seine Lösung in erster Linie mit ihnen zu tun habe, wurde ich schon nach zwei Minuten unterbrochen: »Du verstehst das nicht! Das ist nicht so einfach zu lösen!«

Solche Menschen sind in der Regel noch nicht so weit. Ihr Leidensdruck ist noch nicht groß genug. Der Weltschmerz noch ein viel zu bequemes Kissen, auf dem man sich ausruht. Sie wissen gar nicht, wie sie ohne ihre Probleme und ihre negativen Gedanken zurechtkommen können, und das Glück und die Leichtigkeit, die stattdessen in ihr Leben treten könnten, sind ihnen noch unbekannt.

Vielleicht sagst du jetzt: »Ich will die Wut nicht in mir tragen! Ich will nicht immer nur traurig sein! Ich will endlich glücklich sein und aufatmen« – und während du es sagst, wirst du wütend, wirst du traurig. Das alles geschieht natürlich nicht bewusst. Es will doch keiner freiwillig in der Krise sein! Dass du gerade so fühlst, tut mir aufrichtig leid. Ich würde am liebsten deine Wut mit einem Hammer zerschmettern, deine Angst in eine warme Kuscheldecke wickeln, dir einen heißen Kakao machen und deine Lieblingsplaylist abspielen, damit du dich eine Weile von den ganzen Strapazen der letzten Zeit erholen kannst.

Ich möchte dennoch den Mut in mir finden, dir etwas zu sagen. Vielleicht wirst du das Buch gleich zur Seite schmeißen und mir eine böse Mail schreiben. Dennoch sage ich es geradeaus: Es gibt Menschen, die zwar unabsichtlich, aber beabsichtigt unglücklich sind. Sie würden es niemals zugeben, weil sie es auch wirklich nicht auf dem Schirm haben, aber sie leben gerne in ihrem Drama. Die Angst, die Wut, die Verzweiflung – das sind ihre heimlichen verehrten Lieblingsgefühle.

Warum? Weil diese Gefühle für sie sehr vertraut sind, auch wenn sie unangenehm sind. Die Wut ist ein guter Antreiber für das Überleben, die Angst hemmt aber gleichzeitig, sich in das echte, vollkommene Leben zu begeben. Unglücklich? Ja, sogar wunschlos! Denn wie das Ding mit dem Glück und dem inneren Aufatmen so richtig geht, wissen die meisten von uns doch gar nicht, und nur die wenigsten von uns kennen jemanden im privaten Umfeld, der es besser macht und von dem wir lernen könnten.

Knifflige Fragen, die mein Dasein verändert haben:
> Welchen Vorteil habe ich davon, wütend und ängstlich zu sein?

> Wovon lenken meine Wut und meine Angst ab?
> Was mache ich eigentlich, wenn der ganze Scheiß wirklich mal weg sein sollte ...?!

Als ich diese Fragen in einer meiner Krisen gestellt bekam, war ich vom Morden nur um Haaresbreite entfernt. Ich dachte, ich spinne! Während ich hier weine, traurig und wütend bin, verzweifle, weil ich wirklich nicht weiß, was ich tun soll, wird die Wahrheit meiner Gefühle in Frage gestellt?

Heute, ein paar Jahre und Krisen später, muss ich beschämt feststellen, dass ich mich tatsächlich hinter meinem »Unglück« versteckt habe. Hinter der Behinderung, hinter der Einsamkeit, hinter der Arroganz, der Wut, der Angst ...

Wir sind manchmal so sehr daran gewöhnt, dass uns nichts Gutes »einfach so« zufällt, dass wir, wenn es plötzlich leicht wird, das Gefühl des Kontrollverlustes bekommen. Schnell kreieren wir dann das nächste Problem, das nächste Drama, mit dem wir uns wie gewohnt beschäftigen können.

Und deshalb machen wir Krisen-Hopping, indem wir nicht in die Tiefe, zu dem Kern aller Herausforderungen gehen, sondern von Problem zu Problem hüpfen. Drehen mal hier an einer Schraube, mal da, damit es bloß nach außen so aussieht, als wären wir wirklich mit der Lösung unserer Krise beschäftigt: der neue Job, puh! Der blöde Nachbar stresst, hat man das in den Griff bekommen, geht es den Eltern schlecht, ist das wieder einigermaßen okay, kommen der Beziehungsstress, die Midlife-Crisis ...

Eine Krise trübt den Blick auf das Wesentliche und die Klarheit für das, was uns wirklich guttäte. Brauchen wir Geduld, bis es sich von alleine löst, oder sollten wir aktiv werden? Brauchen wir neue Freunde, neue Partner, oder täte uns erst mal nur eine neue Wohnung gut?

»Veränderung – ja, aber bitte in Maßen«, lautet die Devise vieler Menschen. Schließlich will keiner gleich so radikal sein und am Ende womöglich von allen verlassen und von der Familie enterbt werden.

Weißt du, was ich glaube, warum wir alle wie verrückt rennen, aus der Puste sind und dennoch nirgendwo ankommen? Weil wir die Ziele unserer Sehnsucht absichtlich ignorieren und einfach weiterrennen. So tun, als hätten wir es nicht gesehen.

Ich frage dich das jetzt auch mal, bitte entschuldige meine Direktheit:

Hast du das Ziel wirklich nicht gesehen, oder hast du es schon mehrmals absichtlich verpasst?

Willst du überhaupt bei dir selbst ankommen, oder hast du Spaß am Rennen, dem falschen Suchen und Aus-der-Puste-Sein?

Verstehe mich bitte nicht falsch – ich finde es völlig in Ordnung, wenn man gerne mit einer Stirnlampe durch das Leben joggt. Menschen, die sich bewegen, brauchen wir in unserer Gesellschaft! Doch ich mag es nicht, wenn man etwas vorgibt zu sein oder so tut, als würde man nach DEM Geheimnis, nach DEM inneren Glück suchen, aber absichtlich die Brille zu Hause liegen lässt.

Auch ich musste erst lernen, glücklich zu sein und die Leichtigkeit zu fühlen, sie zuzulassen. Ich war dem Glück gegenüber misstrauisch, zu ungewohnt kam es mir vor. Meine Angst, dass es schon bald wieder vorbei sein könnte, noch bevor es richtig angefangen hatte, war größer als der Wunsch, endlich glücklich zu sein. »Lieber permanent traurig, als von einem nur kurz währenden Glück wieder enttäuscht zu werden«, dachte ich und verließ mich auf meine Traurigkeit, meine Melancholie, meine Zögerlichkeit und das Gefühl, keinen Plan, weder vom Leben noch von mir selbst, zu haben. Den »guten« Gefühlen, dem Glück, der Freude, der Zuversicht und der Leichtigkeit, gab ich keine Chance, bis die Stille kam und die Intuition sanft die Tür sprengte und ich erfahren durfte: »Ich bin glücklicher, als ich es mir je erlaubte zu sein!«

Ich möchte dich jetzt bitten, deine Gefühle wahrzunehmen.
Ich meine: die guten.
Bitte deine Zweifel, sich für kurze Zeit ohne dich zu beschäftigen.
Bitte deine Angst um eine Pause, du kehrst ja gleich zurück.
Bitte deinen inneren Nörgler, einmal die Klappe zu halten.
Lege alle »Aber« in die Schublade.
Was bleibt?
Viel Platz!

Wer bist du, wenn das Drama beiseiteweicht? Welche Farbe des Glücks darf dein Gesicht schmücken? Das Leben ist einfacher, als wir denken, aber wir bestehen darauf, es kompliziert zu sehen und zu gestalten.

Es geht hier nicht um aufgezwungene Positivität, um aufgesetztes Lächeln und gespielte gute Laune. Ganz im Gegenteil. Selbst wenn du noch nicht in die Leichtigkeit spüren kannst – es ist in Ordnung, du bist noch immer ziemlich okay! Das Leben trägt dich auch mit ein paar Steinen mehr auf dem Arm und auch dann, wenn du nicht weißt, wohin du willst. Es ist in Ordnung, es ist okay, sich mal leer und verloren zu fühlen.

Ich möchte dir nur sagen, dass es manchmal sinnvoll ist, sich für die Leichtigkeit bewusst zu entscheiden. Denn manchmal – das ist unbestreitbar wahr, und du weißt das – machen wir uns Probleme dort, wo eigentlich gar keine sind.

Siehst du das Mögliche und das Schöne oder nur die Hindernisse, dahin zu gelangen? Hindernisse sind ja per se nicht schlecht, es kommt darauf an, was man aus ihnen macht! Es ist wie beim Upcycling: Wie kann ich aus dem, was nun mal da ist, etwas kreieren und es in den nächsten Kreislauf integrieren?

Mir wurden viele Steine in den Weg gelegt, doch irgendwann wollte ich nicht mehr nur dauernd darüber stolpern oder sie kraftraubend übersteigen. Also nahm ich Stein für Stein in die Hand und überlegte mir, ob ich ihn für den Bau meines Hauses gebrauchen könnte. Die Steine, die nicht passten, warf ich beiseite. Die, die groß, stabil und schwer waren, nutzte ich für das Häuschen meiner Träume: gemütlich, individuell, einladend – am Waldrand. Aus den Ästen, die der Krisensturm von den Bäumen gerissen hatte, baute ich eine Schaukel im Garten. Auf ihr sitze ich, wenn ich mal wieder eine Pause brauche, wenn ich mal wieder Kind sein möchte. Und zu ihr schaue ich auch immer, wenn mir mal wieder ein Stein oder ein Steinchen den Weg versperrt.

Man kann sich über den schlechten Boden aufregen, oder man hebt den Blick, schaut in die Weite und atmet erst mal auf. »Wow. So viel Weite! So viel Grün! So viele Blumen! So viele tolle Menschen!«

Es gibt keine andere Wirklichkeit als die, die wir in uns haben. Wobei, lass es mich lieber so formulieren: Jede Situation passiert zweimal: einmal äußerlich und einmal innerlich. Beides können zwei völlig unterschiedliche Geschichten sein.

DIE KRISEN DER ANDEREN

Meine Mutter mag Weihnachten nicht und auch sonst keine Festlichkeiten. Sobald ein Feiertag näher rückt, verfällt sie wehrlos in die in ihr tief verankerte Traurigkeit. Besonders als Kind und als Jugendliche war das für mich schwierig, denn Feiertage bedeuteten entweder gedämpfte Stimmung oder gar Streit.

Bereits Ende November, wenn meine Freunde sich auf die kommenden Feiertage vorbereiteten, Kerzen anzündeten, Plätzchen backten, Geschenke bastelten, wurde ich immer trauriger und nuschelte auf die Frage, wie ich denn Weihnachten verbringen würde, nur: »Ich mag kein Weihnachten. Ich bin froh, wenn das alles vorbei ist.«

Aber weißt du was? Das stimmt gar nicht. Ich liebe die Lichter, ich liebe es, wenn »Last Christmas« im Radio läuft, ich liebe den Zimtgeruch, die Kerzen, und meine Freude ist so kindlich groß, wenn im Briefkasten eine handgeschriebene Weihnachtskarte liegt!

Lange hatte ich nicht den Mut, dies zuzugeben, weil ich das Gefühl hatte, ich würde meine Mutter mit ihrer Traurigkeit allein lassen. Also übernahm ich ihre Gefühle aus Solidarität, als ein seltsames Zeichen der Zusammengehörigkeit.

Es fällt mir noch immer schwer, ihr aus vollem Herzen zu sagen:

»Mama, ich liebe Weihnachten über alles!«

Zwar hat sich dadurch bei ihr nicht viel verändert, ihre Traurigkeit ist noch immer da, aber meine ist weniger geworden. Weil ich ehrlich zu meinen Gefühlen stehe, kann ich Weihnachten jetzt unabhängig von meiner Mutter genießen.

Es gibt eine besondere Erklärung für unsere Schwere. Es ist das schlechte Gewissen gegenüber uns nahestehenden Menschen, denen es sehr schlecht geht oder deren Leben derart herausfordernd ist, dass es fast einer Beleidigung gleichkommt, zu unserem Glück zu stehen.

Es gibt Krisen, die gar nicht unsere sind und dennoch zu den unseren werden. Bis man es überhaupt verstanden hat, was da passiert, kann man sich schon mal verlieren oder zumindest ein Schleudertrauma erlitten haben.

Das »Herumwerkeln« auf fremden Baustellen, das Lösenwollen der Probleme meiner Mitmenschen, hat mich selbst so oft in Krisen katapultiert, die nicht hätten sein müssen. Es begann immer gleich und endete immer auf die gleiche Art und Weise: Ich erkannte die Herausforderungen meiner Mitmenschen, sah ihre festgefahrene Situation und die Blockaden in ihren Köpfen. Und ich sah vermeintliche Lösungen ganz klar vor Augen.

Doch es gab Streit, weil der Mensch, dem ich so sehr helfen wollte, meine Hilfe gar nicht beanspruchen wollte und meine Mühe schon gar nicht wertschätzte. Ich dachte, meine Lösungsideen seien lediglich schlecht aufbereitet, und gab mir noch mehr Mühe, ihn von meinen Ideen zu überzeugen. Es waren Schleifen der Verzweiflung, der Ablehnung, des Unverständnisses und der Hilflosigkeit. Bis der nächste »Rettungsauftrag« kam und ich in die nächste Runde ging. Am Ende blieb ich allein zurück. Natürlich! Ausgelaugt, leer, traurig. Und meistens selbst in einer Krise.

Nach meinem letzten gescheiterten Versuch, meinen Partner »zu retten«, setzte ich mich mit dem Muster und dem »Handlungszwang« auseinander und begriff immer mehr, warum so viele Menschen fremde Baustellen voller Inbrunst lieben und diese partout nicht verlassen wollen: Das Drama, ganz egal, in welcher Form, kann zur Sucht werden.

Ja, ich weiß, all unsere Versuche, jemanden zu »retten«, passieren in bester Absicht. Wir wollen Beziehungen aufrechterhalten, wir wollen unser Gegenüber aus vollem Herzen lachen sehen! Leicht und frei.

Doch die Hoffnung, dass, wenn die »Heilung« vollzogen und die Baustelle beendet ist, Glück und Leichtigkeit auch in unser Leben kommen und wir gemeinsam happy werden, nimmt uns vollkommen ein und verstellt den Blick auf das, was wirklich IST. Die Wahrnehmung der Realität verschiebt sich, man reagiert und handelt nur noch aus dem Druck und der Anspannung heraus, den anderen aus der Misere zu holen.

Viele »absurde« Dinge, die wir tun, basieren auf dem Wunsch nach einer aufrichtigen Verbindung zu unseren Mitmenschen. Wir sind soziale Wesen und darauf aus, in Beziehung zu stehen.

Unsere allererste Erfahrung beginnt damit, dass wir uns mit einem anderen physischen Körper verbunden fühlen und in dieser Verbindung wachsen dürfen. Dieser Wunsch begleitet uns ein Leben lang. Nach der Geburt haben wir alle unsere erste Krise einer Trennung erfahren, und obwohl wir uns nicht mehr bewusst daran erinnern können, war diese für jeden von uns eine schmerzvolle, Angst auslösende Erfahrung. Aus diesem Grund richten wir unser Leben danach aus, dieses Gefühl der Verbindung wieder zu erfahren beziehungsweise dies möglichst lang aufrechtzuerhalten.

Wir begegnen einem Menschen (es muss nicht immer eine Liebesbeziehung sein!), und dieser scheint auf den ersten Blick viele Facetten unseres Selbst in sich zu tragen. Wir fühlen uns an die tiefe, schöne Erfahrung erinnert, mit jemandem – bedingungslos – in Verbindung zu sein.

»Es ist warm hier«, sagen wir in der Beschreibung der Beziehung und meinen eigentlich, dass wir uns selbst nicht mehr als »getrennt« wahrnehmen.

Doch weil das Leben eben kein kuschliger Uterus ist und jeder von uns ganz individuelle Themen im Laufe des Lebens entwickelt, die gelöst werden wollen, lässt das Erleben der ersten Kluft zwischen zwei Individuen meist nicht lange auf sich warten.

»Was ist nur los mit dem Menschen, der mir doch so nah war? Wieso verstehe ich ihn auf einmal nicht mehr?«, die Enttäuschung ist nicht mehr zu unterdrücken. Doch gleichzeitig erwacht der Kampfgeist und ruft auf, die Gegebenheiten nicht einfach auf sich beruhen zu lassen.

Das Drama nimmt seinen Lauf.

Nun war es also wieder mal so weit: Ich saß alleine da, der Mann, den ich unbedingt in die »Freiheit« bringen wollte, war schon bei der nächsten Baustelle, und ich fühlte mich als Verliererin, Versagerin, schließlich war es MEINE Mission, ihn zu retten, und ich war kläglich gescheitert. Ich dachte tatsächlich, dass ich – der »Supercoach«, die krisenerfahrene Powerfrau, die weise, entspannte Person, die selten die Fassung verliert – es SELBSTVERSTÄNDLICH schaffen würde, ihn ins innere Gleichgewicht zurückzubringen.

»Wollte er es denn überhaupt?«, fragte meine Freundin. Ich blickte sie irritiert an.

Ich habe es ihn nie gefragt. Ich bin einfach davon ausgegangen, dass es so ist. Dass es aber Menschen gibt, die sich im Drama wohlfühlen, konnte ich mir einfach nicht vorstellen.

Erneut verlor ich Zeit, Energie und Kraft – und blieb ohne »Erfolg«. Ich war unendlich müde! Aber ich war selbst schuld, wie überheblich von mir, zu glauben, ich hätte die Macht und überhaupt die Befugnis, irgendjemanden zu »retten«. Was ist, wenn das, was ich als schwer, depressiv, langweilig oder sonst was empfinde, das maximal Beste ist, was mein Gegenüber bereit ist zu geben? Oder wenn mehr einfach noch nicht möglich ist?

Ach, ich liebe diese Momente, in denen mich das Leben zur Demut zwingt. Ich sank in die Knie und fragte mich kleinlaut: Nutze ich eine fremde Krise, um mich besser zu fühlen und um nicht mein eigenes Leben anzugehen und meine Ziele zu verfolgen? Es ist leichter, sich in Gedankenstrudeln und Sorgen der anderen zu verfangen, als sich dem zu widmen, worum es in jedem Leben wirklich geht: sich selbst. Den eigenen Themen. Den eigenen Visionen.

Hinter wessen Schwächen versteckst du dich, um dich selbst stärker zu fühlen, als du es in Wahrheit bist? Wer oder was ist deine Entschuldigung, damit du dich nicht um dein Leben kümmern musst?

Keiner von uns ist sicher vor den Dramen und Krisen anderer, denn sobald wir in Verbindung mit den anderen gehen, übertragen wir einen Teil ihres Seins auf uns. Das ist auch legitim, solange wir nicht den Fokus verlieren und uns als eigenständige Persönlichkeiten begreifen, die sich in einzelnen Bereichen auf unterschiedlichen Levels befinden. Wir können uns begleiten und im besten Fall gegenseitig voranbringen, aber immer vorausgesetzt, der andere geht auch mit, es bleibt oder wird auch sein Weg. Wir können niemanden zu seinem Glück zerren.

Falls du gerade auf fremden Baustellen herumwerkelst, ist damit nun Schluss. Pack jetzt bitte all deinen Kram und mach dich auf den Weg: zurück zu dir. Lenk den Fokus auf dich, auf deine Mitte. Nichts ist gerade wichtig, nur du und das Zurückholen deiner Energie und somit deiner Macht über dein eigenes Leben. Hinter dem Wunsch, jemanden zu retten, verbirgt sich immer die Sehnsucht, selbst heil zu werden, und diesem Wunsch darfst du dich jetzt kompromisslos widmen.

ÜBERRASCHE DICH SELBST!

Wenn man das ganze Leben mit einer Person verbringt, denkt man nach ein paar Jahren, dass man sie gut kennt und dass einen nichts mehr überraschen kann. Man weiß um die Macken, die Gelüste, die Gefühlsausbrüche, die Sturheit und den Wahnsinn. Gar nicht mal so selten ist man müde von dem immer wiederkehrenden Gequatsche, immer die gleichen Storys, immer dieselben Anekdoten, immer die gleiche Leier über das Leben! Als hätte dieser Mensch, den du so sehr versuchst zu lieben und zu akzeptieren, in den letzten Jahren nichts mehr erlebt und nicht vor, dies zu ändern.

Dieser Mensch beginnt dich zu langweilen.

Die traurige Nachricht: Dieser Mensch bist du.

Niemanden lässt du so nah an dich ran wie dich selbst. Niemand ist in deinen Augen so großzügig, klug, humorvoll und einfach genial, wie du es bist. Niemand nervt dich aber auch so sehr wie du dich selbst, weshalb du dich nicht selten kaum noch erträgst.

Das Leben hat dich reich beschenkt, und jetzt hast du dich für immer an der Backe und wirst dich so einfach nicht mehr los. Nun gilt es, sich selbst mal zu überraschen und für das nötige Prickeln zu sorgen, das jede Beziehung lebendig hält –

die Beziehung zwischen deiner inneren Welt und den Dingen, die äußerlich für alle sichtbar sind.

»Wie kann man sich selbst überraschen?«, fragst du dich vielleicht.

Ich möchte jetzt mal bezweifeln, dass du dich wirklich, wirklich gut kennst. Dass sich irgendjemand überhaupt gut kennt! Ich glaube dir, dass du weißt, welche Art von Humor deiner ist, welche Filme dir gefallen und welche Farben dir stehen. Doch weißt du wirklich, warum du manchmal mit unangemessener Angst auf bestimmte Dinge reagierst? Warum machst du dir Sorgen um Dinge, die dich noch nicht mal ansatzweise betreffen? Warum verliebst du dich in manche Menschen und in andere – die auch toll sind – nicht? Warum kannst du nicht immer deinem Bauchgefühl folgen, warum bist du oft so streng mit dir selbst? Vielleicht hast du dir Erklärungen und Geschichten zurechtgelegt, die aber gar nicht wahr sind. Was dann?

Wissen ist Macht, und Wissen über dich ist Selbstermächtigung. Es beginnt schon jetzt zu prickeln, merkst du das?

Manchmal denken wir, dass das, was wir von unserem Leben und uns selbst wahrnehmen, die ultimative Wahrheit ist. Wir stülpen Schablonen mit Gewalt über unser Leben, unser Sein und manchmal auch unseren Körper und tun alles dafür, um in diese hineinzupassen. Wir nennen sie »Ziele« und rennen ihnen hinterher, obwohl wir den Weg gar nicht kennen und uns deshalb so oft in Schubladen verirren, die uns gar nicht gerecht werden. In der engen Schublade sitzend, stellen wir fest: »Mist, so war das aber alles nicht geplant!«

Doch das Herauskommen ist schwieriger als gedacht. 1
Wir haben längst den Kontakt, die Verbindung zu uns \
loren, wissen gar nicht mehr, mit wem wir es da genau zu tun
haben – aber erwarten gleichzeitig, von unseren Mitmenschen
akzeptiert, geliebt und in unserem Kern erkannt zu werden.
Du merkst schon: Es ist absurd.

*Die Herausforderung beim Freiwerden ist, all die Wahrheiten,
die wir uns über uns zurechtgelegt haben, auf den Prüfstand
zu stellen.*

Ich habe mich gefragt: Wie würde ich eigentlich agieren oder
sein, wenn ich für einen Moment nicht um die Erfahrungen
in meiner Kindheit wüsste, wenn mir das Gefühl, abgelehnt
worden zu sein, unbekannt wäre? Wenn ich vergessen könnte,
dass ich zu oft als »irgendwie anders« wahrgenommen wurde,
dass ich mein Abi erst mit Anfang zwanzig gemacht habe, dass
ich mich selbst nicht am Kopf kratzen kann, dass ich aus einer
immigrierten Familie komme?

Wie wäre ich ohne diese Wunden in mir, und welcher Typ
Mensch wäre ich, wenn ich angstfrei wäre?

Wie würde ich mich bewegen, wie würde ich sprechen, und
was würde ich sagen? Worüber würde ich lachen? Wie würde
ich Menschen begegnen, die ich interessant finde und kennenlernen möchte? Worüber würde ich sprechen? Wie würde ich
küssen?

Tritt bitte mal einen Schritt zurück und beobachte dich
von außen. Es ist immer schwer, das gesamte Bild zu erfassen,
wenn man zu nah davorsteht. Wir fokussieren unseren Blick
meist nur auf ein Detail, dabei müssen wir wie im Museum

nur ein paar Schritte zurückgehen, schon erweitert sich die Perspektive.

»Ach, DAS alles ist AUCH mein Leben?!«, könntest du den Künstler fragen.

»Ja!«, sagt er stolz und lächelt. Er sagt, es lohne sich, das Bild im Wechsel, mal nah, mal aus der Ferne, zu betrachten. Je nach Entfernung und Sonneneinfall durch das Fenster kann sich das Bild in seinen Farben in Gänze entfalten. »Es gibt noch viel zu entdecken.«

Bei mir öffnete diese Vorstellung Käfige, in die ich mich teilweise freiwillig reinsetzen ließ. Eine große Last fiel von mir ab. Ich machte mich bereit für die Freiheit, für den weiten Flug.

Ich lächelte freier, ich traf anders Entscheidungen. Ich wurde erfolgreicher und – das ist viel wichtiger – um einiges glücklicher!

Der Preis? Ich musste aufhören, meine »Benachteiligungen« zum Thema zu machen und mich dahinter zu verstecken. Die Sonderschule. Die Ablehnungen. Das Lachen über meine Träume. Ich musste mir selbst zugestehen, »mehr als nur das sein zu dürfen«.

Was sich so einfach liest, war ein jahrelanger Prozess. Aber immer deutlicher spürte ich den Freiheitsfall, das Kribbeln im Bauch. Äußerlich hat sich nicht viel getan, ich brauche noch immer Hilfe im Alltag, bin noch immer ein Teil einer Minderheit, doch in meinem Inneren bin ich unabhängig.

Was würdest du tun, gäbe es nicht die Angst oder die Unsicherheit in dir?
Wer genau wärst du, gäbe es nicht all diese Narben, die blauen Flecke und diese tiefsitzende Urwunde in dir?

Oft scheint es mir, als gäbe es dem Leben einen Sinn, gegen etwas zu kämpfen. Das Ziel, das es zu erreichen gilt: die Herausforderung bestehen. Was aber danach sein soll, wissen wir gar nicht, denn wir haben nicht gelernt, glücklich zu sein und dieses kribbelnde Gefühl auszuhalten. Deshalb bleiben wir auch oft im Drama und tun nur so, als würden wir den Mist, das, was uns aufhält, weghaben wollen.

Wir wollen meistens gar nicht. Weil wir richtig Schiss vor dem Glück haben.

Bitte beantworte die Fragen, so ehrlich du kannst, auch wenn es dir schwerfällt:

Wer bist du, wenn die Angst weg ist? Wenn das Drama und die Wut dich nicht mehr im Griff haben?

Wenn wirklich – wirklich! – alles so ist, wie wir uns insgeheim wünschen: Können wir damit dann überhaupt umgehen? Ertragen wir es überhaupt, so leicht zu sein und dennoch die Courage zu entwickeln, die Verantwortung für unser Leben komplett (!) selbst zu tragen?

Erzähle eine neue Geschichte über dich und überrasche dich selbst mit neuen Facetten: Was meinst du, zu was wärst du heute fähig, wenn du gar nicht wüsstest, dass du in einer Krise bist?

Sich ehrlich und möglichst wertfrei zu begegnen, erfordert Mut, den bekannten Weg und die alten Geschichten über sich selbst zu verlassen, damit etwas Neues entstehen kann. Doch bevor man sich neu finden kann, muss man sich selbst zunächst eingestehen, dass man gerade knietief im Mist steckt. Gehen wir noch ein Stück tiefer rein, okay?

»Dein Weg« muss keine Allee
durch den Park sein

HEY, HOFFNUNG, WOHIN DES WEGES? –
BIS ZUM ENDE, MEIN FREUND.
BIS ZUM ENDE!

(UNBEKANNT)

»WARUM HABE ICH ANGST DAVOR, BEDINGUNGSLOS GLÜCKLICH ZU SEIN?«

Wie ich bereits erzählte, verbrauchte ich meine gesamte Energie – und davon hatte ich schon immer viel! – darauf, möglichst wenig von den inneren Schmerzpunkten zu fühlen. Ich hatte nicht die Gelegenheit oder die Möglichkeit, das alles irgendwie zu verarbeiten (auch, weil es kaum barrierefreie Psychotherapiepraxen gibt). Außerdem kamen immer neue Erlebnisse obendrauf – so musste ich schauen, dass ich meinen Kopf über Wasser hielt. Mein Inneres aber hatte den Drang danach, endlich frei zu sein, aufzuatmen. Ich suchte immer wieder nach Menschen, die mir konkrete Tipps hätten geben können, wie ein gutes Sein gelingen kann und worum es im Leben geht. Oder noch besser nach Menschen, die mir hätten vorleben können, wie man alle Facetten der Persönlichkeit adäquat lebt und dabei glücklich und zufrieden ist.

Diese Menschen begegneten mir sehr selten. Stattdessen traf ich auf viele profitable Lebenserklärer, die den Markt der Selbstoptimierungsindustrie für sich entdeckt hatten. Bei ihnen irritierte es mich ungemein, dass jede(r) von ihnen den scheinbar einen Weg propagierte, der einen über Nacht gleichzeitig erfolgreich, glücklich und zufrieden machen sollte. Das war selbst für mich in meinen jungen Jahren, mit wenig

Lebenserfahrung, schwer vorstellbar. Ich dachte: Wäre es SO leicht, wären doch viel mehr Menschen lang anhaltend glücklich?!

Dabei sind die »Tools« dazu gar kein Hexenwerk, das weiß ich heute. Nur sind sie emotional zunächst (!) recht anstrengend. Man muss dranbleiben, tiefer gehen und keine Angst vor der eigenen Dunkelheit haben. Und genau darin liegt die Krux am Herauskommen aus dem Schlamassel.

Du spürst jetzt vielleicht bereits den Anstieg der Energie, es kribbelt, du machst dich bereit. Du krempelst die Ärmel hoch und stemmst die Hände in die Hüften.

Am liebsten würdest du das Buch bis zur letzten Seite vorblättern, weil du glaubst, dort habe ich das Geheimnis für deine Befreiung aus der Krise versteckt. Steht da aber nicht, sorry, bleib bitte hier.

Der Wandel kommt langsam von innen, zeigt sich im Außen, so weit ist das bei allen immer gleich, doch ist er in den Auswirkungen immer sehr individuell. Gäbe es ein Schema F, so glaube mir, hätte ich es dir hier sorgfältig aufgeschrieben.

Ich möchte dich bitten, dich an die Gefühle, die Signale und die Zeichen des Lebens zu erinnern, die dir verdeutlicht haben, dass deine Seele sich eine Veränderung wünscht. Die Gefühle haben dir klargemacht, dass etwas nicht in Ordnung ist, vielleicht sogar etwas, das du nicht in Worte fassen konntest. Emotionen, die gezeigt haben, dass dein Herz nach mehr ruft oder nach einer grundlegenden Veränderung.

Es ist nichts Verwerfliches daran, dass du versucht hast, zu funktionieren und so zu tun, als wäre all das nicht da – das habe ich auch versucht, und es ist weder peinlich noch dumm. Es ist sehr menschlich.

Doch lass uns jetzt mal eine Idee durchspielen. Was wäre, wenn du es schaffen könntest, stehen zu bleiben und in dich zu lauschen:

Welche Impulse zur Veränderung habe ich mit Absicht ignoriert – und warum?

Warum habe ich Angst davor, bedingungslos glücklich zu sein?

Vielleicht denkst du jetzt: »Oh nein, meine Erkenntnis kommt viel zu spät! Ich hätte das schon längst angehen sollen. Lohnt sich der Aufwand noch? Kann ich jetzt noch etwas rumreißen?«

Es ist schon richtig, intuitiv wusstest du das alles schon früher. Und wärst du deiner Intuition gefolgt, hättest du dir viel ersparen können, aber du warst noch nicht bereit für die Veränderung. Du liest diese Zeilen ja gerade unter anderem deshalb, weil du erst jetzt bereit bist für den Wandel. Dein Herz fühlt sich nun stark genug, die Hornhaut von sich abzuwerfen und sich weit zu öffnen. Entscheidend ist: Willst DU die Veränderung? Traust du dich glücklich zu sein?

Du kannst nicht das Neue wollen und das Alte leben. Du musst bereit sein, Dinge, Verhalten und auch Sicherheitsgefühle hinter dir zu lassen, um ein neues Gefühl von Freiheit, Echtheit und neuer Authentizität zu erlangen. Wer mit seinen Kochkünsten Geld verdienen will, der muss seinen Bürojob hinter sich lassen, auch wenn er darin unkündbar ist. Wer eine erfüllte Beziehung leben will, der muss bereit sein, sich von dem Partner zu trennen, der zwar zuverlässig und »okay« ist, aber einen einfach nicht mehr inspiriert. So einfach, so schwer!

Suche dir Menschen, die dich auf deinem Weg gut begleiten können, dich nicht erschlagen mit ihren Ratschlägen oder
abspeisen mit hohlen Sprüchen. Sondern Menschen, die dich
halten können, die keine Angst haben, weder vor deiner noch
vor ihrer eigenen Dunkelheit. Menschen, die vielleicht diesen
oder einen ähnlichen Weg bereits gegangen sind, die deine
Energie nicht rauben, sondern nähren wollen. Vorbilder, die
freudig und friedvoll an deiner Seite sind und es bleiben, auch
wenn du kurz mal stehen bleibst, zweifelst, die Augenbrauen
zusammenziehst, kurzatmig bist. Schau dir bei ihnen ihr Handeln in bestimmten Situationen ab, lerne von ihnen und frage
sie aus, ohne ihre Antworten als Kritik an deiner Person zu
begreifen. Eine Veränderung muss nicht immer von heute auf
morgen passieren.

Vielleicht darf ich deine Begleitung in Form dieser Zeilen
sein und dir sagen, dass der Wandel bereits eingetreten ist, er
ist in vollem Gang. Doch du bist sicher, dir kann nichts passieren, auch wenn es sich noch – jetzt gerade – anders anfühlt.

EINE ERINNERUNG AN DAS, WORUM ES WIRKLICH GEHT

Ich funktionierte in den von mir ausgesuchten Rollen, von denen ich annahm, dass sie mir zu Gesicht stehen. Ich tat alles, um den inneren Schmerz zu unterdrücken, um niemandem zu zeigen, wie verletzt ich wirklich bin. Ich wurde hart, resolut und vor allem: sehr wütend. Denn die Wut war lange mein Antrieb:»Ich schaffe alles, was ihr mir nicht zutraut. Je weniger ihr mir zutraut, desto mehr schaffe ich!« So lautete ja lange Zeit mein Lebensmotto.

Doch Wut macht sehr einsam. Sie erschöpft den Körper und auch den Geist. Sie kriecht wie ein kalter Nebel unter die Kleidung, in die Haut, blockiert die Freude und die Leichtigkeit.

Obwohl es mir – von außen betrachtet – sehr gut ging, fühlte ich mich von Jahr zu Jahr elender. Ich verlor immer mehr den Kontakt zu mir selbst und zu meiner inneren Stimme, die mir hätte verraten können, was ich eigentlich von meinem Leben will. Gleichzeitig verfolgte mich das schlechte Gewissen, DASS es mir immer schlechter ging und dass ich das mit keinen überzeugenden äußeren Faktoren erklären konnte.

Ich las damals viel über Persönlichkeitsentwicklung. Hätte man mich mitten in der Nacht geweckt, wäre ich in der Lage gewesen, schlaftrunken aufzusagen, welche Schritte und Entscheidungen es braucht, um gar nicht erst in einer Krise zu landen. Wege zum Glück kannte ich auch, Wege in ein erfülltes Leben sowieso.

Also – theoretisch! Denn nichts von dem, was ich wusste, fühlte ich. Ich bekam mein Wissen einfach nicht auf meine konkreten Situationen übersetzt.

Geht es dir auch so? Wenn ja, möchte ich dir sagen: Das macht wirklich überhaupt nichts. Die für dich passende Lösung steht nirgendwo, du musst die Antwort in dir suchen, und nur dort wirst du sie auch finden.

Im Grunde geht es um nur ein Ziel in dieser besonderen Lebensphase: Es gilt, die Wurzeln jeder Krise zu finden, um sie zu heilen oder – wenn nichts mehr hilft, ganz radikal, ganz entschlossen – sie endgültig herauszureißen, um an diesem freigewordenen Platz etwas Neues einpflanzen zu können.

Das ist kein Hexenwerk, aber es ist eben auch nicht »mal eben« getan. Es braucht deine Bereitschaft, eventuell alles zum Einstürzen zu bringen, um etwas Neues kreieren zu können.

Sicher kennst du das Spiel »Jenga«. Bis zu einem gewissen Zeitpunkt lassen sich alle Steine aus dem Holzturm leicht herausziehen, und du fühlst dich schon als Sieger oder Siegerin. Doch je weniger Steine da sind, desto fragiler wird der Turm. Und dann die kleinste Berührung, ein minimaler Luftstoß oder eine kleine Bewegung der Tischplatte – und alles stürzt zusammen.

Mist! Aber etwas erleichtert bist du schon, das darfst du schon zugeben, denn du sitzt zwar jetzt vor einem Trümmerhaufen, weißt allerdings aber auch, woran du bist. Die Anspannung ist weg, und du weißt, was als Nächstes zu tun ist: Du musst Aufbauarbeit leisten. Allerdings wäre es doch mal mutig, die Spielregeln zu ändern und aus den Steinen einen anderen Turm zu bauen. Vielleicht diesmal mit einer neuen Strategie, einem Konzept, das mehr Stabilität verspricht.

Auch in einer Krisensituation haben wir Angst, an einem »falschen Stein« etwas zu bewegen, der dann möglicherweise unser ganzes Leben zum Einsturz bringt.

»Bloß nicht! Läuft doch!«, sagt unser Kopf, und es ist von außen betrachtet noch nicht einmal eine Lüge. Doch das Herz – oder nennen wir es die Seele? –, irgendetwas jedenfalls IN uns schreit nach Veränderung, nach Über-sich-hinaus-Wachsen, nach einem Weg, der noch von niemandem zuvor gegangen wurde.

Das hört sich großartig an, nicht wahr? Und gleichzeitig ist es SO groß.

Zu groß, weil es noch unbekannt ist.

Deshalb halten viele Menschen in dieser herausfordernden Zeit die Luft an, stellen sich tot oder lenken sich ab. Weil sie fühlen: »Hier geht es an meine Substanz, und es kann sein, dass alles nur noch schlimmer wird! Oder besser! Beides wäre gleich schlimm, weil so intensiv.«

»Besser« ist für die meisten Menschen oft sogar weitaus schlimmer, denn wie es ist, wirklich (!) frei und glücklich zu sein, wissen noch weniger von uns – damit können wir noch weniger umgehen.

Deshalb entsteht vielleicht auch diese stille Sehnsucht in uns, dass doch endlich bitte alles einstürzen möge, weil es dann so unabänderlich klar wäre, dass jetzt nur noch ein Neubeginn sinnvoll ist, dass es den Turm nicht mehr gibt, auch wenn man erst mal monatelang auf die Ruine vor sich starrt und nicht weiß, womit man zuerst beginnen sollte.

Bitte höre auf, Dinge, die dir wirklich wichtig sind, Monat um Monat, Jahr um Jahr zu verschieben. Du bist ja nicht der BER oder die Elbphilharmonie, auf deine Eröffnung wartet niemand. Wenn du nicht bald anfängst, das Leben zu führen, das du führen willst, hast du es irgendwann aus Versehen versäumt.

Fast wäre auch mein Leben mit nur neunundzwanzig Jahren vorbei gewesen, ohne dass ich wirklich gelebt habe. Gedanklich war ich damals in meiner ellenlangen To-do-Liste verhaftet, in meinem täglichen Stress, den ich viel zu oft mit »Erfolg« gleichsetzte. Der Tag verging, ohne dass ich ihn erlebte. Und dann wäre es plötzlich fast mein letzter Tag auf diesem Planeten geworden. Was war passiert: Ich habe Fischstäbchen gegessen und dabei die Panade eingeatmet und bin daran fast erstickt. Aus Erfahrung weiß ich jetzt, dass ein Erstickungstod sehr unangenehm ist, weil man in den ersten Minuten noch alles mitbekommt. Ich war völlig bei Bewusstsein, als mein Kumpel Leo versuchte, mir einen Finger in den Hals zu stecken und mich dann beatmete. Ich bekam wie durch einen Nebel mit, dass meine Assistentin vor lauter Schreck statt den Notarzt zunächst meine Mutter anrief, die mit meiner kleinen Schwester herunterkam und um ein Haar selbst einen Notarzt gebraucht hätte. Ab dann wurde es leichter, ich fiel in Ohnmacht, und lediglich mein Anblick – blau angelaufene Lippen, verdrehte Augen – war für die anwesenden Menschen erschreckend.

»Scheiße, Mann, was ist passiert …?!«, waren meine ersten Worte als Ausdruck der Überraschung, dass ich noch am Leben war, als ich im Krankenwagen zu mir kam. Ich blickte in die wunderschönen braunen Augen des Notarztes, der verblüfft war, dass jemand, der eben fast erstickt ist, so doll fluchen kann.

»Herzlich willkommen zurück!«, lächelte er mich an.

»Ich lebe noch, oder …?«, flüsterte ich glücklich und fühlte eine Träne aus dem Augenwinkel kullern.

Ich bin aufgewacht, und mein erster Gedanke war: Dein altes Leben ist jetzt vorbei, es gibt kein Zurück mehr. Ich werde von nun an nur noch Dinge machen, die ICH für richtig erachte, die mir Spaß machen. Ich werde ab jetzt kompromisslos meinen eigenen Weg gehen.

Dieser Montagabend am 11. April 2016 veränderte mein Leben nachhaltig und tut es bis heute. Immer dann, wenn ich kurz davor bin, erneut ins Drama zu rutschen, denke ich daran, wie gut es ist, noch am Leben zu sein, und plötzlich relativiert sich alles. Alles Negative wird bedeutungsloser, alles Positive rutscht nach oben. Ein Date mit dem Tod bringt viele Antworten. Lohnt sich der Streit? Muss ich mich jetzt aufregen? Geht es auch ohne Megastress? Selbst die kleine Speckrolle am Bauch, ja und?! Im Gegenteil – seither bin ich dem Genuss und der Leidenschaft verfallen. Nicht exzessiv, aber dennoch mit dem Bewusstsein, dass dieses eine Mal das letzte sein kann. Irgendwann wird es wahr sein, bei uns allen, und dann sollten wir nichts bereut haben.

Irgendwann wirst du zum letzten Mal den Regenschirm zu Hause vergessen haben, zum letzten Mal den Bus verpassen. Irgendwann fühlst du zum letzten Mal die Sonnenstrahlen auf deiner Haut und zum letzten Mal die Berührung eines geliebten Menschen. Irgendwann siehst du zum letzten Mal den

Schnee fallen oder verspürst eine kindliche Freude, wenn du in eine Pfütze springst. Irgendwann verbrennen wir uns alle zum letzten Mal die Zunge an der heißen Pizza aus dem Backofen, und irgendwann – das finde ich persönlich besonders schade – lachen wir zum letzten Mal aus vollem Herzen.

Es geht darum, Dinge nicht mehr aufzuschieben bis zur Rente, bis du mehr Geld oder mehr Zeit hast. Es wird selten der Fall sein, dass sich alle Situationen perfekt an deine Wünsche anpassen und du das Gefühl haben wirst, dass jetzt der perfekte Moment für das Ausleben deiner Träume gekommen ist. Du hast doch bestimmt ein oder zwei Wünsche, bei denen deine Augen immer leuchten, wenn du darüber sprichst. Sie solltest du in der Prio-Liste ganz nach oben schieben. Sie solltest du keine Minute länger aufschieben. Wer weiß, ob jemals der richtige Moment dafür kommen wird.

Wenn es etwas gibt, was du gerne geklärt haben möchtest, solltest du es tun. Wenn du weißt, du hast jemanden mal verletzt, dann solltest du es in Ordnung bringen. Wenn du jemanden seit Jahren liebst, und dieser Mensch will nicht aus deinem Herzen gehen, solltest du es ihn wissen lassen. Hab keine Angst, dich zu blamieren, dir die Blöße zu geben. Scheiß doch auf diese kleinkarierten Kategorien! Willst du wirklich im Sterbebett darüber nachdenken, was dir alles entgangen ist, was du noch alles nicht gesagt hast, was du noch gern getan hättest?

Die Intensität des Lebens ist unabhängig von seiner Länge. Leben ist ab dem Moment relevant, ab dem du dich bewusst für die wahre Lebendigkeit entscheidest. Es geht im Leben – meiner Meinung nach – um das bewusste Erleben und Genießen von Erfahrungen, die wir täglich machen. Es geht um den Mut, sich dem Leben vollkommen hinzugeben und sich zu trauen, sich lebendig zu fühlen. Im Moment zu verweilen und sich mit der Natur zu verbinden, Gespräche mit Fremden zu führen, ohne auf die Uhrzeit zu schauen. Zu helfen, zu kreieren, zu lieben und zu fühlen. Mit Dankbarkeit im Bauch und der Demut in der Brust zuzugeben, dass das Warten sich auf gar keinen Fall lohnt – so viel ist schon mal klar!

Jeden Tag stirbt ein Stück von uns. Jeden Tag kommen wir dem Tod einen Schritt näher. Menschen sterben, Träume und auch Illusionen. Manchmal stirbt in uns die Hoffnung und manchmal die Angst.

Wenn ich gefragt werde, was mich persönlich der Tod gelehrt hat, würde ich es in etwa so beschreiben (inspiriert von einem Gedicht von Mário de Andrade): Ich fühle mich wie ein Kind, das eine Schachtel Bonbons gewonnen hat. Die ersten verschlingt es, bis es merkt, dass nur noch ein paar wenige übrig sind. Dann beginnt es, jeden Bonbon genüsslich im Mund zergehen zu laasen und es mit jedem Geschmacksnerv bewusst wahrzunehmen und zu genießen.

Meine Wahrnehmung dem Sein gegenüber hat sich verändert. Ich habe es eilig. Eilig, mit der maximalen Intensität zu leben, die nur mit der Zeit und der Reife kommen kann. Ich versuche, keinen »Bonbon« sinnlos zu verschwenden. Mein Ziel ist es, das Ende zufrieden zu erreichen, in Frieden mit mir, meinen Lieben und meinem Gewissen. Ich möchte im Einklang mit meinen Werten gelebt haben.

Wir haben zwei Leben. Das zweite beginnt, wenn du erkennst, dass du nur eins hast.

Ich möchte dich ermutigen, mit dem »echten« Leben zu beginnen. Was auch immer es für dich bedeuten mag. Vielleicht wird nicht alles so, wie du es wolltest. Aber was ist, wenn alles noch viel besser wird? Was ist, wenn du über dich hinauswächst und Grenzen sprengst, von denen du dachtest, sie seien das Ende deiner Möglichkeiten? Was ist, wenn du das Leben mehr als ein Spiel siehst und gleichzeitig den Boden unter den Füßen spürst?

Was ist dein Grund, am Leben zu sein? (Versuche die Antwort nicht zu denken, sondern zu fühlen.)

DU BIST SCHON LÄNGST BEREIT!

Jedes Kind lernt früh: Das Leben ist kein Wunschkonzert, kein Ponyhof und auch kein Zuckerschlecken. Nur die Harten kommen in den Garten. Nicht wahr? Zwar lebt in uns eine leise Ahnung, dass das Leben wirklich (!) leicht sein kann, doch für den Wahrheitsgehalt unserer inneren Stimme gibt es zunächst wenig Anhaltspunkte, weil die meisten unserer Lebensrealitäten nun mal sichtbar herausfordernd sind. Bodenrisse und Gruben hindern uns am entspannten Flanieren auf unserem Weg. Wie die Hindernisse spielerisch umgangen werden könnten, hat uns keiner gelehrt, stattdessen glauben wir, dass alles erst im Einklang sein müsste, damit das Leben endlich »richtig« beginnen kann. Also warten wir. Auf besseres Wetter, auf bessere körperliche Verfassung, auf eine »Eingabe von oben«, auf Ideen, auf die Motivation, auf einen Partner, mit dem wir den Weg gemeinsam bestreiten könnten, auf den nächsten Urlaub oder den ersten Januar.

Eigentlich bist du bereit. Du bist bereit, loszugehen und den großen Berg, von dem alle so oft sprechen, zu besteigen. Du willst etwas in deinem Leben verändern, und du hast auch schon ganz konkrete Ziele vor deinem inneren Auge. Du willst auf die andere Seite des Berges gelangen, und da es keine Seilbahn gibt, musst du entweder fliegen lernen, oder – das erscheint dir einfacher – du kletterst darüber.

Dass es nicht soooo schwer sein kann, denkst du, weil du schon oft davorgestanden hast, um dir die Situation vor Ort mal genauer anzuschauen. Du wolltest nur mal gucken, wer da so ist, in welcher Verfassung die anderen sind, was sie an Equipment dabeihaben und so weiter. Immer wieder warst du erstaunt, wie unterschiedlich die Menschen waren, die sich dort trafen, um den Berg zu besteigen. Wie unterschiedlich motiviert, ängstlich, organisiert, vorbereitet und trainiert! Einige junge Leute waren dabei, aber auch welche, wo du dachtest, dass, wenn du in ihrem Alter bist, du deine Ruhe vor all dem »Zeugs« haben willst. Mit was für einer Leichtigkeit und Entschlossenheit sie die Challenge angingen! Das beeindruckte dich. Das wolltest du auch.

Also bist du nach Hause gegangen und hast mit den ganzen Vorbereitungen begonnen.

Als Erstes hast du eine Liste angelegt mit all den Sachen, die du brauchst und um die du dich noch kümmern musst. Dann hast du alle Kontakte aufgeschrieben, denen du Bescheid geben musst, dass du bald einen Berg besteigen möchtest. Du hast ihnen erklärt, dass du eine Veränderung brauchst, es ginge so nicht mehr weiter. Über die Hälfte hat versucht, dich zu überzeugen, hierzubleiben, hat ihre Zweifel und Sorgen geäußert, einige deiner Freunde haben dich ungläubig angeschaut, die Stirn in Falten gelegt, dich sogar ausgelacht. Gegen diese Stimmen anzukommen, hat dich viel Kraft und Zeit gekostet, inzwischen bist du gereifter und gefestigter in deinem Entschluss. Zwar noch etwas unsicher.

Aber: Du bist bereit!
Eigentlich.
Deine Sachen liegen gepackt vor der Wohnungstür. Für den Fall, dass du gleich den Mut findest, kann es sofort losgehen. Du hast neue Wanderschuhe und einen großen Rucksack gekauft – modern und sehr funktional –, du möchtest schließlich neben den anderen Bergsteigern nicht negativ auffallen.

Du übst viel zu Hause vor dem Spiegel. Du googelst diverse Situationen, die eintreten könnten, du wüsstest gerne jederzeit, was wann zu tun ist.

Es gibt eigentlich keine begründete Entschuldigung mehr, nicht endlich loszugehen und diesen Berg zu besteigen.

»Der ist aber auch echt steil! Da bin ich ja tagelang unterwegs!«, nuschelst du dir im Spiegel entgegen. »Vielleicht sollte ich doch noch mal lieber alles genau durchgehen, um ganz sicher zu sein«, denkst du und beschließt, noch eine Nacht darüber zu schlafen, um am nächsten Morgen zu schauen, wie das Wetter ist. Doch am Abend liegst du mit offenen Augen im Bett, kannst nicht schlafen, weil du dir immer mehr Sorgen machst!

Stell dir vor, du stehst vor zwei Türen. Auf der einen steht »Leben« und auf der anderen »Vortrag über das Leben«. Glaube mir: Die meisten würden sich für den Vortrag entscheiden. Sicher ist sicher!

Nicht ohne Grund zögern wir vor jeder richtungsweisenden Entscheidung, weil sie sich als falsch erweisen und dann alles noch schlimmer werden könnte. Ehrlicherweise ist das auch nicht ganz unberechtigt, denn wir kennen die schmerzvollen

Konsequenzen falscher Entscheidungen: Wertvolle Beziehungen sind vielleicht in die Brüche gegangen, oder unsere Lebensläufe wurden in die falsche Richtung gelenkt.

Das erklärt auch zum Teil unseren Masochismus. Aus Angst, einen falschen Weg zu gehen, verharren wir lieber in unangenehmen oder unerträglichen Lebenszusammenhängen. Lieber im Bekannten leiden, als sich auf das Unbekannte einlassen! Nein!

Ich möchte dir ein ehrliches Kompliment machen: Du bist beneidenswert. Sehr viele Menschen wären jetzt auf dich neidisch, wenn sie um dein intensives Fühlen wüssten. Wenn sie erfahren würden, wie ängstlich, traurig und wütend du in diesen Tagen bist, würden sie sich insgeheim fragen, wie du es schaffst, all das zu fühlen und auszuhalten.

Dein ganzer Schmerz zeigt sich gerade nur deshalb, weil er die Sicherheit in dir verspürt, sich endlich nach außen zeigen zu dürfen. Er fühlt, dass du so weit bist, da durchzugehen und zu heilen. Bereit dafür, die unliebsamen Gefühle nicht mehr wegzudrücken, sondern sie zu umarmen und mit einem sanften Lächeln auf die Stirn zu küssen, als wäre es dein teuerster Schatz.

Wow. So weit kommen nur wenige Menschen!

Was meinst du, wie viele Menschen sich wünschen, endlich zu fühlen? Irgendetwas! Ob Glück, Trauer oder zumindest ein wenig Wut. Sie versuchen, ihre Gefühle zu wecken – durch Drogen, Sex, Arbeit. Doch weder am Morgen noch am Abend, egal, was sie unternehmen – ist leider noch immer wenig bis nichts an Gefühlen da. Es ist so, als hätten sie verlernt, zu fühlen, verlernt, sich selbst wahrzunehmen. Es ist alles so taub.

Man funktioniert halt. Irgendwie.

Und du?

Du fühlst gerade ziemlich viel! Alles, was die Gefühlspalette so zu bieten hat.

Ist das nicht großartig?!

Sollte dich dennoch eine unkontrollierbare, enorme Angst an der Gurgel nehmen und bei dir das Gefühl hinterlassen, keine Luft mehr zu bekommen, stelle dir diese konkreten Fragen, um wieder auf dem Boden der Realität zu landen:

> Schwebe ich in einer ernst zu nehmenden akuten Gefahr?
> Was kann mir im schlimmsten Fall, wenn alle meine Ängste wahr werden, passieren? Und was kann ich dann machen?

Ein schlauer Mensch sagte mal, wer sich nachts allzu lange mit den Problemen von morgen beschäftigt, ist am nächsten Tag zu müde, sie zu lösen. Es ist also völlig irrelevant, wie viele Gedanken du dir machst und wie akkurat du jeden Schritt aus deiner Krise planen wirst, es wird eh alles anders kommen. Du kannst dir natürlich noch den drölften Kurs auf YouTube anschauen, du kannst Bergsteigübungen im Flachen machen. Du kannst dir noch mehr Podcasts anhören, in denen Menschen von ihren »Abenteuern« berichten, und versuchen, all ihr Wissen in dich aufzusaugen. In der Theorie wirst du ein Profi sein – bis du vor dem Berg stehst und es losgehen soll. Du wirst alle Regeln kennen, doch leider nicht die Tricks.

»Angst und Sorgen kommen von allein, für die Zuversicht und den Mut musst du täglich etwas tun«, sagte eine meiner liebsten Freundinnen Sabine Dinkel. Sie hat recht.

Die Sache mit den Sorgen ist ja die, dass fast nichts davon wahr wird, während die grauen Haare für immer bleiben. Es lohnt sich einfach nicht, die Zeit und die Energie in Sorgen zu investieren. Denn ob du dir nun Sorgen machst oder nicht, ändert an den groben Tatsachen erst mal nichts.

Wir müssen die Ungewissheit als einen Teil des Lebens akzeptieren. Wir lernen, wie das Leben funktioniert, indem wir – leben.

Auf dem Gipfel des Sorgenhaufens kommt das Vertrauen mit ins Spiel. Vertrauen ist etwas anderes als Hoffen, denn Vertrauen ist eine Wahl. Es ist sogar die kühnste Wahl, zu der wir alle fähig sind. Es ist der Sprung ins Ungewisse, es ist das Aufbrechen in ein neues Land, weil das alte uns nicht mehr gefällt oder uns sogar schadet.

Es gibt Zeiten, die kenne ich selbst nur allzu gut, in denen das Vertrauen verloren scheint. Dann ist es lediglich ein Gefühl, an das man sich vage erinnert, doch nicht mehr präsent fühlt. Wenn du es gerade so empfindest, so möchte ich dir, stellvertretend für dein Vertrauen, sagen, dass dein Leben niemals etwas Schlechtes für dich bereithalten wird. Vielleicht sogar das Allerbeste! Es wird es dir anbieten, immer und immer wieder. Nur das Annehmen, das musst du selbst übernehmen.

Also: Hab keine Sorge, hab keine Angst – du bist, während du das hier liest, sehr sicher. Und bereit für den höchsten Berg, den du bisher bestiegen hast. Verlass dich auf die Weisheit deines Herzens, denn es schlug bereits, bevor du bewusst denken konntest. Verlass dich darauf, dass es dir den Weg weisen und dir klar mitteilen wird, was zu tun ist und was zu lassen.

Öffne dich in die Weite deines Herzens und falle gleichzeitig in die Tiefe deines Vertrauens, denn es ist die stillste, unaufregendste Form des Mutes. Es ist nichts anderes als das radikale Zur-Kenntnis-Nehmen der Wirklichkeit, als die innere Freiheit zu fühlen und dennoch die Wahl zu haben, welche Richtung man im eigenen Leben einschlägt. Und mit jeder Entscheidung, mit jedem Wagnis, wächst dein Mut, während die Angst kleiner wird.

Auch wenn es sich anders anfühlen mag, gibt es ja doch kein Von-vorne-Beginnen. Wir tragen doch immer unser ganzes Sein mit uns, unser Ich, unsere Erfahrungen, Enttäuschungen, aber auch positive Erlebnisse. Wenn du es bis hierher ganz gut geschafft hast – warum sollte es sich in naher Zukunft anders entwickeln? Es ist deshalb eine Kunst, das Alte zu nutzen und doch nicht abhängig davon in dem Neuen zu sein.

Du nimmst deine gepackten Sachen auf den Rücken und gehst mit dem Sonnenaufgang in Richtung Berg. Deine Hoffnung ist, dass es noch so früh ist und deshalb nicht allzu voll. Du willst nicht gesehen werden, du willst mit niemandem sprechen. Dein Ziel: Endlich nach oben kommen! Am Berg angekommen, reibst du deine Augen, du glaubst nicht, was du dort siehst. Eine neugebaute Seilbahn zeigt sich dir. Du musst nicht schwer den Berg hochsteigen, du darfst ganz entspannt den Ausblick aus der Kabine genießen und dich auf dein neues Leben freuen. In deinem Bauch macht sich die Freude breit, du kannst es gar nicht fassen, dass du so viel Glück hast!

Tal der Dunkelheit

SEI NICHT BÖSE AUF DEN REGEN.
ER WEISS EINFACH NICHT
WIE MAN NACH OBEN FÄLLT.

(VLADIMIR NABOKOV)

DEIN WEG

Menschen, die an entscheidenden Wendepunkten in ihrem Leben angelangt sind, finden sich oft in herausfordernden Situationen und Orten wieder. Mal haben sie dabei das Gefühl, einen hohen Berg besteigen zu müssen, mal, in die Tiefe des Ozeans zu tauchen. Manchmal peitscht ihnen der Wind ins Gesicht, der sie fast umhaut, oder eine grelle Sonne verbrennt ihre ungeschützte Haut. Sie fühlen sich nackt. Den äußeren Faktoren wehrlos ausgesetzt, versuchen sie, einen Weg zu finden, um endlich aufatmen zu können.

Egal, wie sehr du dich mühst, welche Konzepte und Maßnahmen du dir überlegst, aus dem holprigen Gehweg eine breite, geteerte Straße zu bauen, um die tiefen Täler und die hohen Berge bequem zu überwinden – sie werden dir immer wieder begegnen. Bis du gelernt hast, deinen eigenen Weg entspannt zu gehen und die Hürden und Hindernisse als nichts Lebensbedrohliches zu sehen.

Wenn du gerade aus der Puste bist, vielleicht sogar verzweifelt, weil du schon so lange unterwegs bist und doch nicht wirklich vorwärtskommst, möchte ich dich einladen, kurz stehen zu bleiben.

Ausatmen, bevor du wieder nach Luft schnappst.

Puh! Ganz schön aufregend, oder?

Und nun bist du auch noch im Nirgendwo. Alles scheint noch schneller, noch wilder, noch unübersichtlicher.

Es täuscht.

Wir bekommen es hin! Du wirst deinen Weg schon bald betreten.

Vielleicht schaust du zu den Wegen anderer Menschen rüber und du wirst wehmütig. Du möchtest es auch leicht und unkompliziert haben wie sie. Du bist so müde vom Müdesein, vom Grübeln und Dir-Sorgen-Machen.

Es ist Zeitverschwendung, neidisch auf das Leben der anderen zu blicken. Wir können uns nicht auf deren Lebenswege beamen. Wir werden nie ein anderes Leben – in Gänze betrachtet – bekommen als das, das wir haben.

Du bleibst für immer in deinem Körper. Du wirst deine Schwächen und Stärken bis zum Ende mit dir tragen. Deine Macken auch. Du wirst immer jemand sein, der entweder einen Tick zu laut ist oder zu schüchtern. Du wirst immer einen Teil in dir wohnen haben, der an dir zweifelt. Deine Wunden werden für immer bleiben, selbst wenn nur eine Narbe noch an den Schmerz erinnert. Deine Erinnerungen, deine Angst, deine Freude, deine DNA. Du wirst für immer ein Teil deiner Familie bleiben und sogar teilweise deren seltsame Eigenschaften übernehmen.

Alles Gute, alles Leichte, alles Magische ist dein Leben.
Und alles andere eben auch.

Es gilt also, deinen individuellen Weg durch die Krise zu finden. Nur wie? Und hier kommt wieder die Superpower ins Spiel, die uns schon an den Wandel heranführte: die Intuition. Diese jedem von uns innewohnende Gabe ist besonders in Zeiten des »Übergangs« so hilfreich.

Viele unserer Entscheidungen und somit Wegweisungen des Lebens treffen wir nach vernünftigen, rationalen, logischen Überlegungen. So sollte es sein. Denken wir. Doch das führt oft zu Ergebnissen, die nicht zu uns passen, die wir nicht leben können. Das intuitive Erspüren des eigenen Weges ist Ausdruck unserer Sehnsucht (auch so eine Superpower in uns, dazu später noch mehr). Es sind manchmal völlig »verrückte« Entscheidungen, die dabei herauskommen, aber tief in dir weißt du: »Das ist mein Weg!« – und der will von dir endlich betreten werden. Lass uns den Mut haben, weiterzugehen und zu schauen, wohin wir kommen, wenn wir es versuchen. Was passiert denn, wenn wir einen Weg gehen, den wir vorher noch nie gegangen sind? Was liegt denn hinter dieser schmalen, verwinkelten, mit Kopfsteinen gepflasterten Gasse?

Geh los! Du musst deinen Weg nicht kennen. Seine grobe Richtung bestimmt die Sehnsucht.

Ein Schritt nach dem anderen, der Schwierigkeitsgrad des Weges spielt dabei kaum eine Rolle. Es muss in dir vibrieren und sich nach »richtig« anfühlen, ganz egal, wohin du deinen Fuß setzt. Mach deine Scheinwerfer an und geh Meter für Meter voran. Ich weiß, du hast es eilig – so wie ich. Du bist ungeduldig, willst doch endlich wissen, was passiert. Doch das Leben lässt sich nicht antreiben. Wir werden es weder intensiver erleben noch besser verstehen, wenn wir uns beeilen.

Manchmal wirst du auf breiten Wegen stehen, manchmal

auf schmalen, geteerten (das sind meine Lieblingswege!), und manchmal wirst du stolpern – vor den Augen aller. Du wirst dich schämen, du wirst verzweifeln, du wirst nicht wissen, wohin du musst. Dir werden Menschen begegnen, die dir falsche Ratschläge geben, denen du vertraust, und am Ende wirst du von ihnen enttäuscht sein. Du wirst lernen, Pausen zu machen und nicht jeden im Weg liegenden Stein allzu ernst zu nehmen. Das Wetter wird sich verändern, die Jahreszeiten ineinander übergehen. Mal werden die Blätter grün, mal orange, mal die Bäume kahl sein. Du wirst wissen, dass alles ein ewiger Kreislauf ist, dass der Frühling irgendwann wiederkommt. Du wirst die Sonnenstrahlen genießen und dich über die kühlen Regentropfen freuen. Im Nebel wirst du wissen, dass du, obwohl du nicht mal deine Handflächen vor deinen Augen sehen kannst, dennoch sicher bist – denn du hast dich selbst an deiner Seite. Der Wind mag in jeder Stärke pusten, und du kippst trotzdem nicht um. Du gehst einfach weiter deinen Weg. Und irgendwann stehst du an einer Klippe und weißt, du bist bereit für den Sprung in dein neues Leben.

DER SPRUNG

»Woran kann ich mich orientieren? Woran darf ich mich festhalten?«, fragst du und merkst, wie deine Hände beginnen zu schwitzen. Ich drücke sie stärker und nicke dir ermunternd zu. Wir gehen weiter, nicht wissend, was gleich kommt. Ich begleite dich bis zu deinem Sprung.

Komm!

Das, was du noch eben dachtest zu sein, ist nicht mehr wahr. Dein altes Leben fällt auseinander und stirbt. Doch du – du stirbst nicht. Ganz im Gegenteil, du wirst gerade neu geboren.

Andere verstehen vielleicht nicht, was du gerade durchlebst, worum es dir geht. Vielleicht hast du nicht viele Menschen, mit denen du über deine Wahrheit sprechen und bei denen du sicher sein kannst, dass sie dich nicht verurteilen. Vertraue trotzdem. In dich, in deinen Instinkt, in dein Gefühl für das, was richtig ist.

Schenke dir selbst ein sanftes Lächeln und fühle: Ich bin sicher.

Mit Leichtigkeit und Stabilität wirst du den Wandel, der nicht mehr aufzuhalten ist, durchschreiten.

Es ist immer nur ein Werden. Es ist ein Nach-Hause-Kommen.

Komm!
Es gibt nichts zu verlieren. Außer das, was eh nie Bestand hatte, was eh nie real war. Leg deine alten Geschichten ab, gib auf, deinen Schein zu wahren – öffne deine inneren Grenzen, mach dich frei. Um endlich aufzuatmen. Endlich das zu sein, was du schon immer tief in dir warst. Zeig dein Herz stolz umher, es verdient, von allen gesehen zu werden. Hab keine Angst, dass es zerbricht.

Dein Mut ist deine Waffe, deine Ehrlichkeit entwaffnend. Sterbe einen Tod, um endlich zu leben. Gebäre deine Ideen und dein neues Ich, um echte Liebe zu erfahren.

Es tut weh, weil es wichtig ist.

Springe, falle, fliege – der Abgrund ist dein Aufwind.

Komm!

Es ist in Ordnung, keine großen Ziele für dein Leben zu haben. Es ist in Ordnung, keine Pläne oder Vorsätze zu haben. Für manche ist der Weg des Selbstvergessens besser als der der Selbstsuche. Manchmal ist es auch wichtig, rückwärtszugehen, um zu begreifen, dass es wirklich nicht mehr der richtige Weg ist. Einige wollen mehr Fülle, endlich mehr werden, während andere damit beschäftigt sind, zu verstehen, zu entwirren, um immer weniger von dem Unnützen zu haben und in sich zu tragen. Sie wollen die Essenz ihres Seins begreifen und es endlich zu Gesicht bekommen.

Nur du allein weißt, welcher Weg deiner ist.
Geh langsam weiter. Immer weiter.
Komm. Nur noch ein bisschen.

Wie lange jemand unterwegs ist und dann, am Ziel, an der Schwelle verweilt, zögert und mit sich selbst Kämpfe ausficht, sollte keiner beurteilen. Es dauert so lange, wie es dauern muss. Lass dich bitte nicht hetzen, bleibe bei dir mit deiner Energie, höre nur deinem Herzschlag zu, alles andere ist nicht mehr relevant. Heute zählst nur du.

Feiere! Feiere dich, deinen Mut und deine Lust am Leben. Erfreue dich an dem, was ist. Behalte den Fokus auf das, was du in dein Leben einladen willst, und verabschiede alles, was dir nicht mehr dient. Du weißt, was du alles sein kannst.

Komm jetzt in Kontakt mit dem Boden unter deinen Füßen, mit dem Wind um dich herum und mit dir selbst.

Du darfst feiern, auch wenn es – im Außen – nichts zu feiern gibt. Es sind die kleinen Schritte des Erfolges, es ist der Mut, es ist die Entscheidung, die es zu feiern gibt. Es muss nicht immer etwas Großes sein, es muss nicht immer der Knall einer Konfettikanone sein, es darf auch klein und sogar unsichtbar sein. Für die Welt – unbedeutend, doch für dich – das ganze Universum. Vertraue, dass diese Übergangzeit kein Fehler ist. Dass es ein Weg der Heilung ist, ein Weg des Wachstums.

Du berührst den Boden, vielleicht zum ersten Mal, du atmest bewusst ein und wieder aus. Du schaffst den Raum für dein großes Herz, für dich selbst, für deine Größe, die du dir vorher nicht erlaubt hast.

Die Zweifel, die Angst, die Wut, eine uralte Leere – sie wollen nur gefühlt werden, sie wollen durch dich hindurchfließen, um dann endgültig leiser zu werden.

Du bist lediglich das Gefäß deiner Gefühle, du bist nicht die Gefühle selbst.

Du bist der Himmel, nicht das Wetter.

Vertraue der Dunkelheit in dir und neben dir. Wenn du dich verloren fühlst, dann wisse, dass du gerade dabei bist, zu dir zurückzukommen.

Wenn nichts mehr Sinn ergibt, bist du dem Sinn ganz nah. Wenn du im Nebel stehst und nichts mehr sehen kannst, dann fühle, du bist noch auf dem Weg.

Auf deinem Weg.

Wenn das alte Leben zerfällt, wenn alles von dir Geliebte wegbricht und alles von dir Abschied nimmt, dann denke dran, auch wenn es weh tut, dass dir nichts davon je gehört hat. Alles ist auf dieser Welt frei. Auch du. Gib die Trauer frei, und du wirst stark.

Komm!

Finde Orte für deine Erschöpfung, an denen du heilen kannst. Begreife, dass deine Verletzlichkeit deine größte Stärke ist und dass deine Zerbrechlichkeit die einzig wahre Nähe schafft. Kümmere dich nur um deine innere Stärke, die all das Außen tragen kann. Lasse alle Ideen von dem, was du bist, los und werde das, was du sein willst. Umarme das, was du schon bist.

Man muss nicht alle Kämpfe kämpfen. Entscheide klug, welche du austragen willst. Bitte um Verzeihung, bringe Situationen in ihr Gleichgewicht zurück, aber vergebe vor allem dir selbst für all das Ignorieren deiner inneren Stimme, deiner Wahrheit, den Verrat an deiner eigenen Gerechtigkeit.

Selbst wenn deine Stimme zittert, sprich die Wahrheit.

Komm. Wir sind fast da.

Wenn du wissen möchtest, wie die Lebenslust aussehen könnte, dann schau dich an:
So.

Wenn du wissen möchtest, worum es in diesem Leben geht, wie sich Liebe und Zärtlichkeit anfühlen können, dann berühre deine Haut und fühle:
So.
Wenn du erfahren möchtest, wie echte Dankbarkeit sich anfühlt und wie weit dein Herz sich öffnen kann, dann entscheide dich dafür und fühle die Weite:
So.
Wenn du wissen möchtest, ob es wirklich mehr gibt als das, was dein Kopf (be-)greifen kann, dann achte jetzt, genau jetzt, in diesem Moment, auf die Antwort, die dir kommt:
Das ist die Wahrheit.

Das Wunder ist nicht weit weg, ganz im Gegenteil. Zum Beispiel jetzt: Du liest diese Zeilen, und ich habe sie für dich geschrieben. Ich fragte mich dabei, wie du wohl davon erfahren wirst, wie ich meinen Weg wohl zu dir finden kann, und siehe da – wir haben uns hier gefunden. Ist das nicht ein Wunder?!

Du bist ganz, wenn du dich ganz sein lässt. Fühle die Angst und die Trauer, nimm die Wut von der Leine und gib sie frei.

Übergebe der Zärtlichkeit die Führung in dir.

Betrachte die Welt mit einer Vorsicht und liebe sie doch bedingungslos und mit Leidenschaft.

Halte in deinem Herzen immer einen Platz frei für die Dinge, die du dir nicht vorstellen kannst. Für die Magie. Für das, was dich trägt und dich über dem Boden schweben lässt.

Das Morgen ist schon heute, und du bist bereit. Du wirst in den nächsten Wochen vor diversen Türen stehen und intuitiv wissen, durch welche du gehen musst.

Es gibt keinen Grund, noch weiter zu warten, wir sind nun da.

Erlaube dir den Gedanken: Das Glück ist leicht. Du bist für das Glück bereit. Ab hier – beginnt dein großartiges Leben, in dem du authentisch, ehrlich und stark agieren wirst. Alles um dich verändert sich, aber du bleibst fokussiert und setzt einen Schritt nach dem anderen. Du stellst dir Fragen, doch verharrst nicht mehr in dem Warten auf die Antworten, und wenn du schon gar nicht mehr daran gedacht hast, wirst du beginnen, die Antworten zu leben.

Sollte dich die Traurigkeit besonders stark überrennen, hebe deinen Blick in den Himmel und fühle: Es ist alles okay. Am Ende ist auch ein Regentropfen ein Stück Himmel in der Hand. Blicke so lange nach oben, bis sich dein Atem beruhigt hat und du tief Luft holst und dein Herz flüstern hörst:

»Ich bin. Ich bin. Ich bin.«

Denn dein Herz ist eines von den lauten. Und eines von den großen.

Alles ist in dir. In dir ist alles.

Das Leben wartet auf dich.

IN DER TIEFE DURCH DEN STURM

Vielleicht zum ersten Mal in deinem Leben nimmst du bewusst wahr, dass du nichts in deiner Hand hast und nichts kontrollieren kannst. Vorher konntest du es auch nicht, doch du hast immer so getan als ob.

»Wie tief werde ich fallen? Wird mich der Wind umpusten?«, fragst du und schnappst nach der kühlen Luft, die den Weg viel zu schnell in deine Lunge findet.

Diese Frage kann ich dir leider nicht beantworten, es kommt ein wenig darauf an, wie weit du dich vom Boden deiner Wahrheit entfernt hast. Wirst du hart aufprallen, geräuschlos zerfallen oder wie eine zerbrechliche Vase in alle Einzelteile zerspringen? Willst du im Sturm die Orientierung verlieren und alles, was war, vergessen? Nun fällt deine Maske in die Tiefe, und mit ihr fällst auch du.

Du fällst und fällst. Du drehst dich so schnell, dass sich deine Beine ineinander verfangen. Das Gefühl, zu fallen, ist das Schrecklichste, das du je erlebt hast.

Und ich sage dir jetzt: Genieße den Flug! Ja, ich meine es vollkommen ernst, denn das, was du gerade erlebst, in dieser Intensität – das erlebt man meistens nur einmal. Es ist heftig, aber es ist einmalig. Sieh es als eine Erweiterung des Erfahrungsschatzes an, als eine Art Beförderung deines Daseins vom Leben höchstpersönlich. Hier musst du dich um nichts sorgen, es passiert nichts außer dem Fall.

Dort, wo nichts ist, kann auch erst mal nichts fehlen.

Hier kannst du nach nichts greifen, dich auch an keinem Gegenstand verletzen.

Du wirst nicht sterben.

Dass du dir nicht weh tun und keine bleibenden Narben davontragen wirst, kann ich dir leider nicht versprechen. Dennoch wird der Ausgang halb so dramatisch sein, wie du noch heute denkst und fühlst. Das verspreche ich dir!

Doch du musst noch weiter in den Sturm hinein. In die Tiefe fallen. Bis auf den Grund.

Du wirst aufprallen.

Du wirst dich sehr erschrecken.

Aber du wirst nicht zerbrechen!

Du wirst dich mit der neugewonnenen Kraft von dem Boden abstoßen können und dann wieder sicher nach oben kommen.

Das geht allerdings nur, wenn du bereit bist, all die Last deiner Vergangenheit anzuerkennen und sie nicht immer wieder in ihrer ursprünglichen Form in jede neue Phase deines Lebens mitzunehmen. Irgendwann ist all das Alte einfach nicht mehr brauchbar, es dient dir nicht mehr, es steht dir nicht.

Wie eine kaputte Schallplatte habe auch ich immer wieder das Alte zurück in die Realität gezerrt: »Ja, aber damals ... da hat XY gesagt, ich sei hässlich und ich sei zu behindert, um glücklich zu sein! Kein einziger Junge wollte mich je küssen! Und keiner wollte mit mir überhaupt befreundet sein. Warum sollte es jetzt anders sein? So uncool und so uninteressant, wie ich bin!?!«

Und so weiter, und so weiter …

Diese Gedanken bildeten lange Zeit meine Realität und meine subjektive Wahrheit. Alles, was ich von mir dachte – stimmte in meinen Augen.

Ganz egal, was wir denken – es stimmt. All unsere Gedanken tragen die Kraft in sich, zu einer sichtbaren Realität zu werden. Doch wir dürfen entscheiden, in welche Richtung wir unsere Gedanken lenken, damit sich die Emotionen und somit auch die Realität diesen anpassen können.

In diesem Zusammenhang habe ich mir oft die Frage gestellt: »Was bedeutet Menschsein überhaupt?« Lange dachte ich, das Ziel sei, glücklich und frei zu werden. Aufzuatmen. Sich selbst zu akzeptieren, vielleicht sogar zu lieben. Ich dachte, wenn das erreicht ist, dann ist es tatsächlich möglich, jeden Tag (!) gut gelaunt und motiviert aufzustehen, immer den Durchblick zu haben, immer zu wissen, was als Nächstes getan werden soll.

Konflikte? Ciao!

Stress? Kenn ich nicht.

Schwierige Entscheidungen treffen? Easy!

Es hat viele Jahre und auch intensive Erlebnisse gebraucht, bis ich verstanden habe, dass Menschsein bedeutet, nicht nur das Glück zu fühlen, sondern ALLES zu fühlen. Jede Phase des Lebens mit einer Demut und Neugierde zu begrüßen, immer wieder zu staunen: »Wow, so wütend kann ich werden?! So glücklich kann ich sein?! Oh Mann, es gibt tatsächlich noch DIESE Sehnsucht in mir …?!«

Wissend, dass alles irgendwann vorbeigeht – die guten Gefühle und die nicht so guten. Wenn wir es schaffen, aus der Bewertungshaltung, was gut und was schlecht ist, herauszutreten und lediglich in die Beobachtung des Geschehens zu gehen – erst dann werden wir uns frei fühlen und vielleicht sogar unabhängig von den äußeren Gegebenheiten.

Das Leben geschieht uns, damit es von uns – durch uns – erlebt wird. Und jede Stunde, die hellste und die dunkelste, hat nur sechzig Minuten. Das ist gut. Und ein bisschen schade auch.

Der Befreiungsprozess wird dir weh tun, ein Riss wird durch deine Seele gehen und dein endlich von Hornhaut befreites Herz wird an manchen Stellen bluten. Doch du wirst dich erleichtert fühlen. Denn nur so kann das Licht durch die hart gewordene Schale dringen. Dein Herz ist stärker, als du es dir vorstellen kannst. Es trägt deine Last, deine Erinnerungen, deine Angst in sich, vergisst aber auch all die in dir existierende Schönheit nicht. Es lebt in dir, um dir die Erfahrungen zu ermöglichen, die du entscheidest zu machen. Es freut sich jedes Mal, wenn du seine Stimme wahrnimmst, und ist aus dem Häuschen, wenn du ihr folgst. Dein Herz versucht, einen Weg zu dir zu finden und dir klarzumachen: »Ich bin auf deiner Seite, Buddy!«

Zu den Hauptwesenszügen des Herzens gehören Mut und die Leuchtkraft. Es will – egal in welchem Alter, egal nach wie vielen schlimmen Erfahrungen, Verletzungen, Enttäuschungen – sich immerzu weiter ausdehnen, sich entfalten und dein Gesicht zu einem wahrhaftigen Lächeln bewegen.

Die Annäherung zwischen deinem Herzen und dir führt durch den Fall in die unendliche Tiefe. Auch wenn unten das Wetter richtig mies ist: Vertraue mir, wenn ich dir sage, es ist ein Teil der Heilung, es gehört dazu.

Wir sagen in Norddeutschland:»Es gibt kein schlechtes Wetter, es gibt nur schlechte Kleidung.« Also möchte ich dir die richtige Kleidung mit diesem Buch reichen: blaue Gummistiefel, gelben Friesennerz und einen wasserdichten Beutel mit trockenen Sachen für danach. Denn dass du es gut durch den Sturm schaffen wirst, daran zweifle ich absolut nicht.

Ich hätte dich gern noch einen Schritt weiter begleitet, doch durch den Sturm musst du leider allein gehen. Der Sturm besteht aus deinen alten, ungeklärten Sachen, aus deinen Erlebnissen, deinem Groll – er betrifft nur dich. Das Schlimmste wird nach wenigen Wochen bereits überstanden sein. Du wirst dich an das Peitschen des Windes gewöhnen, die großen Regentropfen werden dir nichts ausmachen. Du darfst wissen, in der Mitte des Sturms, dort herrschen Frieden und Stille. Da willst du hin. Dort wirst du dich erholen.

Solltest du jetzt mitten in der Dunkelheit stecken, denke bitte dran:

Wenn nichts mehr sicher ist, ist alles möglich.

Neubeginn ist erst der Anfang

BEVOR DU MIT DEM KOPF
DURCH DIE WAND GEHST,
ÜBERLEG DIR BITTE VORHER GENAU:
WAS WILL ICH WIRKLICH IM NEBENZIMMER?

(UNBEKANNT)

DU KANNST NICHT ALLES SEIN, WAS DU WILLST (ABER MEHR, ALS DU DENKST)!

»Tschakka! Du schaffst alles, was du willst! Du kannst alles sein, was du dir vorstellst!«, schreit der grau melierte Herr von der Bühne und klatscht bei jedem Satz in die Hände. Und alle im Publikum strecken bei jedem Satz ihre Faust in die Höhe. Tschakka!

Nur ich nicht, weil ich meine Arme nicht zu dieser »Power-Pose« heben kann. Bin ich nun dazu verdammt, erfolglos, schwach und benachteiligt zu bleiben?

Ich blicke mich um und sehe gerötete Wangen, enthusiastische Gesichtsausdrücke und ein paar Schweißflecke unter den Armen. Die Energie im Raum ist geladen, alle fühlen wirklich: »YES! ALLES ist möglich! Die Barrieren sind NUR in meinem Kopf! Tschakka!«

Während alle um mich herum immer lauter ihre Motivation und Entschlossenheit herausbrüllen, werde ich immer nachdenklicher. Ich frage mich, was mit diesen Menschen nach der Veranstaltung passiert. Was werden sie konkret tun, um ihren Träumen ein Stück weit näher zu kommen? Was wird aus den ganzen Visionen, wenn sie nicht ihren Weg in das echte Leben finden?

Alle Dinge um uns herum haben einst mit einer Vision begonnen. Die Wurzel jeder Entwicklung, jeder Veränderung und jeder Kreativität entspringt einer Idee und einem Wunsch, etwas Neues zu kreieren oder etwas Bestehendes zu verbessern. Nur ein Mensch, der den Mut hat, seinen eigenen Visionen in die Augen zu blicken und sich ehrlich mit ihnen (und somit sich selbst) auseinanderzusetzen, lernt sich selbst gut kennen und wird erfahren, was sein Weg ist und was nicht.

Dabei ist es gar nicht so einfach, in einer Zeit, die uns so viele Eindrücke und Ansprüche von außen vermittelt und gleichzeitig so wenig Raum und Zeit für den Blick nach innen lässt, wirklich klar zu sehen, welche Version und Vision des eigenen Ichs man denn nun leben will und – überhaupt kann.

Ich möchte dir einen meiner Träume erzählen, über den ich noch nie gesprochen habe: Bei Sonnenaufgang stehe ich auf und laufe mit einem Becher frischem Kaffee in der Hand durch den Wintergarten aus dem Haus, gefolgt von meiner Katze, vorbei an den gerade wach werdenden Hühnern auf das große Tor meiner Werkstatt zu. Es öffnet sich quietschend, und der Geruch von Holz strömt mir entgegen. Alles ist noch so, wie ich es am Abend zuvor verlassen habe und wartet darauf, weiter bearbeitet zu werden. Ich lege eine Schallplatte auf, setze mich auf den kleinen Hocker und höre die ersten Klänge meiner Lieblingssoulmusik. Erst mal fühlen, ankommen, wach werden.

In der Werkstatt vergesse ich die Zeit. Meine Ideen verschmelzen mit dem Werken, meine Hände arbeiten wie von selbst und machen mein inneres Erleben sichtbar.

Am Abend bin ich ausgepowert, doch nur selten müde. Nach einem guten Abendessen und einer warmen Dusche gehe ich an einen Ort, an dem ich auf einer kleinen Bühne Akkordeon spielen darf. Meistens trage ich ein blau gepunktetes Kleid, rote Lippen und ein erfülltes Lächeln. Ich fühle den Schmerz, die Trauer, das Glück und die unaufhaltsame Leidenschaft für das Leben in mir aufsteigen. Mehr brauche ich nicht, mehr will ich nicht. Ich habe alles, was eine glückliche, sinnliche Frau sich nur wünschen kann.

Die Realität sieht anders aus: Abgesehen von dem blau gepunkteten Kleid und den roten Lippen kann ich nichts von meinem Traum wirklich wahr werden lassen. Meine Arme sind zu schwach, um mit Holz zu arbeiten, ein Akkordeon werde ich auch nie spielen können. Vielleicht lebe ich irgendwann mit meiner Katze und vielen Hühnern auf dem Land. Aber viel mehr – wird es nicht sein können.

Ja, ein Teil in mir wird traurig, während ich das hier schreibe. Doch ein anderer Teil ist unberührt glücklich.

Denn bin ich wirklich unfrei und kann meine Vision nicht ausleben? Bin ich wirklich eingesperrt in den mir gegebenen Einschränkungen des Lebens?

Nein. Die Energie, die Liebe, die Kreativität, die Lust – sind dieselben in mir. Ich kann mindestens genauso produktiv sein wie in der Werkstatt. Meine »Holzwerkstatt« sind meine zahlreichen ins Leben gerufenen Projekte, mein »Akkordeon« ist das Schreiben. Und die kleine Bühne? Das ist mein gesamtes Leben.

Sinnlich, kreativ, frei, lebensbejahend.

Das kann mir keiner jemals nehmen!

Das alles kann ich sein!

Aber: Sollten dir irgendwelche Coaches oder Gurus begegnen, die dir weismachen wollen, dass du ALLES werden kannst, was du nur willst, so glaub mir, das ist purer Bullshit. Ich wünschte, ich könnte dir etwas anderes sagen, aber wir können nicht alles werden, was wir wollen. Für manches sind wir zu alt, zu ungebildet, zu unbegabt, zu arm und manchmal auch zu behindert. (Wobei ich anzweifeln möchte, dass alle unsere Werdens-Wünsche wirklich aus uns selbst kommen und nicht durch Werbung, Trends, Moden et cetera getriggert wurden.)

Aber: Es ist okay, wenn nicht alles möglich ist. Wir müssen nicht jeden Traum realisieren, um glücklich zu sein. Nicht jedes unserer Talente muss erfolgreich umgesetzt werden, nicht jede Leidenschaft Reichtum und Ruhm bringen. Du musst niemanden beeindrucken, du musst nicht performen, du musst nicht laut sein. Es ist völlig in Ordnung, etwas zu machen, was du vielleicht sogar selbst als »banal« bezeichnest, was nicht als »fancy« und innovativ in deinem Umfeld gilt. Denn es geht nicht um »Performance«, sondern um wahre, echte Freude. Um Zufriedenheit.

»Wenn das Leben nicht leicht ist, dann ist es nicht das richtige Leben«, habe ich selbst mal in einem Vortrag gesagt und möchte es an dieser Stelle zurücknehmen. Denn der Satz beinhaltet die Annahme, dass wir die Qualität unseres Lebensweges immer aussuchen können – doch das stimmt nicht.

Auf welchem »Lebensweg« wir landen, können wir nur bedingt wählen, weil wir nicht aussuchen können, ob wir in der kasachischen Steppe, den italienischen Bergen oder an der Nordsee zur Welt kommen. Wir können nicht entscheiden, in welche Familie wir hineingeboren werden und welche Möglichkeiten uns in die Wiege gelegt werden und welche wir uns mit Mühe erobern müssen und über welche Privilegien wir uns freuen dürfen.

Nicht alle Dinge, Ereignisse und auch sogenannte Schicksale können wir verändern oder beeinflussen, wir können sie nicht im Kern umwandeln. Nur den Umgang damit haben wir in der Hand – und auch, welche – auf unserem Weg liegenden – Wegabzweigungen wir nehmen können.

Es ist wichtig, nicht in dem Gefühl zu verharren, was alles nicht möglich ist, sondern sich zu fragen: Welche Geschichten will das Leben durch uns geschrieben wissen? Welche Hürden dürfen wir bewältigen und an welchen müssen wir unsere Begrenzung erfahren?

Das echte Lebensglück ist nicht davon abhängig, welche Träume wirklich verwirklicht werden und welche nicht. Es geht um die Sichtbarkeit deiner unverwechselbaren Energie. Doch wie kommt man denn dahin? Wie erfährt man Freude, die nicht von den Bewertungen anderer abhängig ist, und wie findet man die eigene Bestimmung für das eigene Leben?

Das laute »Tschakka-Gröhlen« ist meistens eine Stimme der Leistungsgesellschaft und der Wunsch, darin endlich einen »sinnvollen« Platz zu finden. Statt etwas zu machen, was wirklich der eigenen Persönlichkeit entspricht, möchten wir nach außen glänzen. Denn die anderen schaffen es doch auch, und wenn ICH nicht mehr kann, dann habe ich mein »Herzensthema« eben noch nicht gefunden, dann muss ich eben noch mehr suchen, mehr tun, noch eine Schippe drauflegen. Es ist ein Teil des Größenwahns einer privilegierten Gesellschaft, die materiell zwar viel zu bieten hat, doch seelisch verarmt.

Im Gegensatz zum lauten »Tschakka!« ist der Weg, die eigene Bestimmung zu finden und sie zu leben, eine sehr leise Angelegenheit und auch eine weitaus mutigere. »Wovon träumst du? Was möchtest du in diesem Leben durch deine Hände verkörpert sehen? Wer möchtest du auf dieser Welt gewesen sein?« – das sind Fragen, die sich jetzt vielleicht ein wenig verrückt anhören, die ehrlichen Antworten darauf bringen dich aber viel mehr zu dem Menschen, der du eigentlich schon längst bist, und machen das Potenzial sichtbar, das in dir lebt.

Der Preis dafür, dem eigenen Herzen und der in uns lebenden Sehnsucht und Vision nicht zu folgen, hingegen ist hoch. Es bleibt der nagende Vorwurf, man hätte es doch probieren sollen. Wer weiß, vielleicht hätte es geklappt. Wer weiß, was dann alles gewesen wäre!

Ich finde es aber auch legitim, wenn man sich bewusst entscheidet, nicht dem eigenen Herzen und den darin lebenden Visionen zu folgen. Es ist okay, Dinge gar nicht erst probiert zu haben – ganz wichtig dabei ist, dass man diese Entscheidung bewusst trifft, damit ein Ach-hätt-ich-doch nicht immer an dir frisst. Wenn du diese Entscheidung nicht bewusst treffen willst oder kannst, weil deine Stimme dir sagt, dass es sich eigentlich lohnen würde ... Dann gibt es keinerlei Gründe, es nicht zu tun!

Das Gute an deiner Situation jetzt ist: Noch kannst du ins Wasser steigen und lernen zu schwimmen. Dorthin, wohin dein Gefühl dich führt. Noch ist GAR nichts zu spät. Und es gibt absolut nichts zu verlieren.

Ich bin eine Warmduscherin und erinnere mich noch gut an meine ersten Versuche, einen größeren Wandel meines Lebens zu vollziehen. Ich tauchte vorsichtig die Fußspitze ins Wasser und rief daraufhin laut: »Das ist ja arschkalt!« Bibbernd und enttäuscht von mir selbst ließ ich mich auf die nächste Parkbank fallen. Auf der saß ich den ganzen Tag, bis es immer später wurde und die Sonne unterging.

In den nächsten Tagen ging ich immer wieder ans Wasser und starrte es stundenlang an, als wollte ich es mit hypnotisierendem Blick erwärmen. Natürlich veränderte sich nichts, es blieb gleich kalt. Aber nach einiger Zeit des Wasser-Anstarrens wurden mir ein paar Dinge klar:

> Besser, ich scheitere noch hundert Mal, als es gar nicht gewagt zu haben.
> Das Wasser wird nicht wärmer, egal, wie lange ich warte.
> Aufgeben IST eine Option. Immer.
> Alles zu meiner Zeit, stresst mich nicht!

Jeder empfindet die Temperatur des Wassers unterschiedlich, und das kann sogar von Tag zu Tag – ach was, von Stunde zu Stunde! – variieren. Wenn dein Gefühl sagt, es ist verdammt kalt, dann ist es wahr, egal, was andere davon halten. Punkt! Gib dir Zeit. Aber dann entscheide!

Denn mal ehrlich:

Wenn du deinen Hintern nicht irgendwann in Richtung deiner Visionen und Träume bewegst, wirst du dich selbst nicht mehr ernst nehmen, und deine Träume werden per se zu etwas Unerreichbarem – sie dienen vielleicht noch als vager Hoffnungsschimmer, dazu, die Realität auszuhalten, doch irgendwann wird dir klarwerden, dass du sie niemals umsetzen wirst. Und dann sind die Verbitterung und die Enttäuschung groß.

Ich weiß, es ist total sinnlos, jemanden zu drängen und zu schubsen, es ist albern, zu sagen, dass die beste Zeit für Veränderungen immer jetzt ist oder machen krasser als wollen ist. Denn dadurch entsteht Stress: Die Angst stellt ihre Soldaten auf, die Wut bestellt drei schlechtgelaunte Türsteher, und zusammen werden sie den Wandel gekonnt sabotieren.

Vergiss bitte trotzdem nicht, dass nichts so risikoreich ist, wie die eigenen Träume nicht auszuleben. Es wird dich verfolgen und an dir nagen, bis du nachgibst oder mit einem verbitterten Gesichtsausdruck sagst: »Es ist zu spät.« Und irgendwann wird das wahr sein.

Aber jetzt – jetzt ist noch gar nichts zu spät.

DES GLÜCKES TOD IST DER VERGLEICH

Ich schaue aus dem Fenster und beobachte die Menschen. Wie beschäftigt sie sind und wie eilig sie es haben. Sie alle sehen aus, als wüssten sie, wohin sie gehen und warum. Es scheint so, als wüssten sie ganz genau, wo ihr Platz in der Welt ist. Das Gleiche denken sie von mir. Das weiß ich, weil manche es mir sagen. Für den netten UPS-Fahrer, der mehrmals täglich an meinem Wohnzimmerfenster vorbeifährt, sieht es so aus, als wäre ich immer fleißig am Arbeiten. Dass ich manchmal mit leerem Blick stundenlang YouTube-Videos schaue, ahnt er nicht – und ich würde es ihm nie verraten. Und so denkt jeder über den anderen, er habe mehr im Griff als man selbst, sei fleißiger, mutiger, attraktiver oder erfolgreicher. Diesem Bild wollen auch wir natürlich gerecht werden, mit dieser verzerrten Phantasie mithalten können, und wir fühlen uns elend, weil es nur selten klappt.

Eine meiner Cousinen ist wunderschön, klug und erfolgreich. Eine Frau, die straight ihren Lebensplan durchzieht: super Abi, Fokus im Studium, harmonische Beziehungen, dann Heirat, Kind, Haus. Lange Zeit stand diese Cousine für all die Eigenschaften, an denen es mir, in meinen Augen, immer mangelte, und für ein Leben, das ich auch gern führen würde.

Ich habe mich in meinem Leben oft mit anderen Frauen verglichen und kam immer wieder zu der Feststellung, dass ich einfach nicht gut genug bin. Ich konnte ihren Erfolg nicht ertragen, habe mich immer klein und unpassend zwischen ihnen gefühlt: Mein Körper entspricht in keiner Weise dem gängigen Schönheitsideal, ich habe mein Studium abgebrochen, und Kinder kann ich auch keine bekommen.

Mein Leben erinnerte mich an einen verwilderten Garten – zwar ein Blickfang, doch eher von jemandem, der wenig Ahnung vom Gärtnern hat. In jeder Blütensaison war ich enttäuscht: zu ungeordnet, zu unterschiedlich, zu intensiv duftend, zu unbändig. Zu viel. So typisch ich! Nichts, was man pflücken und in eine schöne Vase stellen konnte. Dachte ich.

Eines Tages saß ich wieder vor meiner wilden Blumenlandschaft und schaute mir jede Blüte, jeden Grashalm genau an. Nach wie vor passte nichts so recht zusammen, und doch fühlte es sich plötzlich richtig an. Ich begriff, all das, all diese großen, kleinen, gelben, roten, grünen Gräser, Sträucher und Blüten – all das bin ICH.

Alles Wilde ist meins.

Etwas löste sich in mir, und ich atmete erleichtert auf. Es tat mir für mich selbst leid, dass ich bis dahin mein Leben anders haben wollte, als es war. Und dabei seine Schönheit und Einzigartigkeit vollkommen übersehen habe.

Der Moment, als ich aufhörte, mich mit anderen Menschen, die eine komplett andere Geschichte leben, zu vergleichen und gegen mich selbst anzukämpfen, nur um mit ihnen konkurrieren zu können, befreite mich und ließ mich aufatmen. Ich verstand, wir können gar nicht in einer Liga spielen, weil wir zwei völlig unterschiedliche Sportarten ausüben – wir können gar nicht die gleichen Ergebnisse erzielen.

Einer wird immer das Gefühl haben, nicht zu genügen. Ich wollte nicht mehr diejenige sein. Ich wollte mir selbst genug sein.

Wir sind alle gleich viel wert. Aber wir sind nicht alle gleich.

Vielleicht denkst ja auch du, dass du erst etwas erreichen musst, bevor du im Leben »mitmischen« darfst, dass du erst schlanker, erfolgreicher, besser, schöner werden, irgendeiner Norm entsprechen musst, bevor du glücklich sein »darfst«. Vielleicht denkst du, dass du erst Ziel XY erreichen, den Wohnort wechseln, klarer in dir, ruhiger, gesammelter, was auch immer werden musst, bevor …

»Aber dann! Dann geht's richtig los!«, sagst du dir selbst Tag für Tag, während Monat um Monat verstreicht.

Darf ich dich mal kurz deiner Phantasie entreißen und dich wieder auf die Erde bringen? Selbst wenn du all deine »Makel« geglättet, verbannt, transformiert hast, wirst du dich leider nicht besser fühlen, solange du dich mit anderen Menschen vergleichst. Du wirst kein Stück mehr Glück empfinden, selbst wenn das Äußere sich deinen Sehnsüchten angepasst hat, wenn du deinen Schatz – dein persönliches Glück – neben die Schätze der anderen legst.

Es wird immer jemanden geben, der besser, schöner, talentierter und schneller ist als du. Du wirst immer noch mehr verdienen können, noch teurere Kleider haben und einen noch besseren Partner finden können. Du wirst ein Leben lang mit Menschen konfrontiert sein, die ihr Ding mutig machen, die klar sind in dem, was sie wollen, und die das innere Glück nicht nur aus ihrer Phantasie kennen, sondern es aus jedem Knopfloch ausstrahlen.

Menschen spiegeln uns nicht nur die Sehnsüchte, die wir haben, sondern auch das Potenzial, das bereits in uns lebt und darauf wartet, gelebt zu werden. Und weil wir unsere Möglichkeiten nicht ausleben, empfinden wir Beklemmungen und Neid, wenn wir sehen, dass jemand anders es tut.

Während wir selbst in einer Krise stecken, tut es umso mehr weh, zu sehen, dass es tatsächlich auch anders geht – nur wir bekommen es (noch!) nicht hin. Jetzt ist es wichtig, nicht in dem Gefühl des Neides zu verharren, sondern daraus eine eigene Vision für unser Leben zu schaffen, die zu uns passt, die uns das Gefühl von Fülle statt von Mangel hinterlässt.

Deshalb sollten wir aufhören, uns mit Menschen, die uns imponieren und inspirieren, ständig zu messen (weil wir dabei meist verlieren). Aber wir können sie nach ihren Erfahrungen fragen. Welche Schritte sind sie gegangen, welche Krisen haben sie bewältigt, was sind ihre Vorstellungen und Konzepte für ein glücklicheres Leben?

Höre dir alles aufmerksam an. Sammle das Wissen wie Kieselsteine am Strand. Und zu Hause, in aller Ruhe und bei deiner Lieblingsmusik, kannst du die Steinchen reinigen, sortieren und entscheiden, welche davon du wirklich gebrauchen kannst und welche sich besonders gut für deine Fingerspitzen anfühlen.

Wir können niemals unsere eigene Wahrheit und unser individuelle Glück ausleben, solange wir uns in der Konkurrenz zu unseren Mitmenschen fühlen.

Das »Problem« mit dem Glücklichsein ist nicht die Sache an sich, sondern zusätzlich auch noch die Tatsache, dass uns inzwischen das Glück allein nicht mehr genügt. Weil wir permanent im Vergleich mit anderen sind, wollen wir nicht einfach »nur« glücklich, erfolgreich, gesund oder in einer harmonischen Beziehung sein. Nein, nein – wir wollen glücklichER, erfolgreichER und gesündER als die anderen sein.

Alle streben nach dem Glück? Lächerlich!

Wir? Wollen Ekstase! Wollen Euphorie!

Immer.

Du merkst schon – das ist zum Scheitern verurteilt. Denn das Glück liegt nicht vor, sondern in einem. Es führt mal wieder kein Weg an der eigenen Tiefe vorbei. Sorry.

Etwas Neues wagen!

VERÄNDERUNG STEHT VOR DER TÜR,
LASS SIE ZU! – DIE FRAGE IST NUR:
DIE VERÄNDERUNG ODER DIE TÜR?

(UNBEKANNT)

DEINE SEHNSUCHT IST DER NORDSTERN

Wenn sich Sehnsucht in mir anstaute und ich zunächst nicht den Mut fand, dem zu folgen, was sie mir ins Ohr flüsterte, merkte ich es regelrecht körperlich. Ich schlief schlecht, die Last auf meinen Schultern war so schwer, dass mein ganzer Nacken schmerzte. In meinem Kopf drehten sich die Gedanken und Emotionen im Karussell. Alles war wirr und ungeordnet, und ich saß im Rollstuhl mit einem muskelschwachen Körper und fühlte mich vom Leben »gefoltert«, weil es mich zwang, ALLES zu fühlen.

Ich konnte nicht einfach wegrennen, die schlechten Gefühle weder wegtanzen noch mich richtig auspowern. Zwar versuchte ich alles, um mich im Rahmen meiner Möglichkeiten von mir selbst abzulenken. Ich ging aus, suchte nach Bestätigungen, versuchte, die Liebe von anderen Menschen zu bekommen, um meine eigene Leere nicht mehr zu fühlen.

Irgendwann kochte es aber dermaßen hoch, dass ich es nicht mehr kontrollieren konnte. Zu lange waren Situationen meine Realität, von denen mein Gefühl aber sagte, dass sie nicht zu mir passten. Und mein Körper meldete sich: Wenn ich an einer Arbeit saß, die ich eigentlich nicht machen wollte, dann streikten irgendwann meine Finger. Das Tippen am Laptop fiel mir schwer, und ich kam kaum voran. Wenn ich mit Menschen zusammen war, mit denen mich nichts verband, hatte ich davor und danach tagelang Migräne. Wenn ich in einer Beziehung war, die eigentlich längst zu Ende war, dann war ich permanent müde und antriebslos.

Ich konnte absolut nichts dagegen tun!

Neben Stefan fühlte ich mich schön. Ruhig, ausgeglichen und zuversichtlich. Ob ich je verliebt in ihn war? Sehr! Es war allerdings anders als bei den Männern vor ihm, weniger Schmetterlinge, weniger Kribbeln. Es war vielmehr dieses Gefühl, nach einem langen Spaziergang im Winter nach Hause zu kommen, sich am Kamin zu wärmen, einen Schluck heiße Schokolade zu trinken und sich über das Lieblingslied, das gerade im Radio gespielt wird, zu freuen.

Eineinhalb Jahre nachdem wir uns kennengelernt hatten, landete ich aus einem Kurzurlaub wieder in Hamburg. Stefan wartete in der Eingangshalle des Flughafens auf mich. Meine Freude, ihn zu sehen, war wie immer riesig! Doch als er mich umarmte, war etwas anders. Es war sehr innig und liebevoll, und er roch sehr vertraut, und doch wusste ich auf einmal, wie aus dem Nichts, dass schon bald eine schwierige Zeit auf uns zukommen würde, durch die wir gehen mussten. Und zwar jeder für sich.

Zuerst versuchte ich, das Gefühl wegzudrücken, ich schob es auf den Stress, auf den dunklen Herbst. Doch seit diesem Moment am Flughafen küssten wir uns anders. Inniger, bewusster, trauriger und dann immer seltener. Am Ende waren wir sehr lieblos zueinander – aus Verzweiflung und der Traurigkeit über den kommenden Abschied.

Versteckt hinter Streitereien um das Einräumen der Spülmaschine und das Renovieren des Flures, dem Schweigen und dem gegenseitigen Ausweichen, hat sich jeder von uns auf seinen eigenen Weg gemacht.

Obwohl ich die Trennung längst ahnte, fiel ich in ein tiefes Loch. Ich war derart gelähmt, enttäuscht und fassungslos, dass ich weder schreien noch weinen konnte. Gleichzeitig aber fühlte ich überraschenderweise eine Ruhe in mir. Zwar tobte und brodelte es an der Oberfläche, die Wellen schlugen hoch, doch je tiefer ich in mich selbst hineintauchte, desto friedlicher wurde ich.

Wussten wir nicht schon lange vor dem endgültigen Aus, dass etwas im Argen liegt? Vielleicht haben wir die Trennung sogar provoziert, weil wir intuitiv fühlten, dass jeder von uns etwas anderes braucht, als der andere ihm geben kann, dass uns unsere Sehnsucht voneinander wegführt.

In der Regel wissen wir schon sehr früh, was uns guttäte, was für uns wichtig wäre und auch was wir tun müssten, doch wir ignorieren die innere Stimme, um den Konsequenzen einer möglichen Krise aus dem Weg zu gehen. (Wie du weißt, ein ziemlich unmögliches Ding!)

Wenn wir aber lernen, auf die innere Stimme unserer Sehnsucht besser zu hören, werden sich viele Knoten in uns lösen, und wir können wieder frei atmen. Vielleicht lässt sich auch eine größere Krise umgehen. Wer weiß, vielleicht hätten Stefan und ich dann nicht plötzlich vor den Scherben unserer Beziehung gestanden, sondern eine echte Begegnung erleben können, eine, in der man gesehen und geliebt wird. Dafür muss man aber ehrlich sein und den Sturm, den die Sehnsucht und die Wahrheit mit sich bringen können, aushalten.

Die Sehnsucht kann dabei mögliche Wege aufzeigen und unserem Leben eine Richtung geben. Aber die Sehnsucht ist etwas Weiches, schwer Fassbares, sie braucht Raum und Zeit, um sich entfalten zu können. Sie taucht manchmal auf, wenn wir mit einem Menschen zusammen sind, in der Natur oder bei einer Tätigkeit, die uns entspannt. Sie zeigt sich, wenn die Saiten deiner Seele gezupft werden und deine individuelle Melodie erklingt.

Aber in unserer lösungsorientierten Welt wollen wir ein schnelles Ergebnis. Wir trauen uns nicht, einfach mal innezuhalten und zu lauschen. Und genau das machen wir jetzt:

Locke die Sehnsucht aus der Tiefe deines Herzens und lass sie sich vor deinem inneren Auge ausbreiten. Wo führt sich dich hin?

Bewerte dabei nicht, ob das kindisch, unrealistisch oder völlig überzogen ist. Du musst nichts sofort entscheiden, nichts konkret umsetzen.

Ich bin mir sicher, die Antworten werden in aller Deutlichkeit kommen. Du darfst jedem Impuls, jedem Gefühl, jeder Regung deiner Sehnsucht vertrauen. Das Leben wird dir vielleicht sogar mehrere Optionen anbieten. Was passt zu dir? Welcher Weg ist gangbar?

Triff die Entscheidung, auf dich selbst zu hören, den besten Ratgeber und Wegbegleiter, den es für dich gibt. Und dann vertraue darauf, dass es gut wird.

WERDE DIR SELBST TREU

Das ist dir jetzt vielleicht alles ein bisschen schwammig, zu unkonkret, und du fragst dich, wie bekomme ich den Wandel in mein Leben übersetzt? Wie kann ich ihn gegen das ebenfalls in mir bestehende Bedürfnis, nicht anecken zu wollen, durchsetzen? Aus Angst, von der Familie, den Freunden, Partnern und Partnerinnen, »den« Leuten, der Welt … abgelehnt oder verurteilt zu werden, nehmen wir es ja gerne in Kauf, uns zu verbiegen.

Ich gebe selten ganz konkrete Anweisungen, weil starre Systeme auf dem Weg aus der Krise nicht viel taugen. Finde ich. Doch an dieser Stelle mache ich eine Ausnahme, weil ich selbst erfahren habe, dass Werte hier einen wirklich guten Job machen. Sie können ein Kompass auf dem Weg entlang der Sehnsucht durch die Krise sein, ein Leuchtturm im Nebel der Möglichkeiten.

Wenn du sie im Blick hast, kannst du Entscheidungen einfacher fällen und mit ihren Konsequenzen besser leben.

Was sind deine Werte? (Liste kann nach Belieben erweitert werden.)
Suche dir zehn Werte aus, die du unter deinem Namen stehen haben möchtest.

Abenteuerlust	Fairness	Leichtigkeit
Achtsamkeit	Fleiß	Leidenschaft
Akzeptanz	Flexibilität	Loyalität
Anerkennung	Freiheit	Mitgefühl
Anstand	Freundlichkeit	Mut
Ästhetik	Friedfertigkeit	Nachhaltigkeit
Aufgeschlossenheit	Fröhlichkeit	Neugierde
Aufmerksamkeit	Fürsorglichkeit	Objektivität
Ausdauer	Geduld	Offenheit
Ausgeglichenheit	Gelassenheit	Optimismus
Authentizität	Gerechtigkeit	Ordnung
Begeisterung	Glaubwürdigkeit	Pflichtbewusstsein
Beharrlichkeit	Großzügigkeit	Phantasie
Bescheidenheit	Harmonie	Pragmatismus
Dankbarkeit	Hilfsbereitschaft	Präsenz
Demut	Hingabe	Realismus
Disziplin	Höflichkeit	Resilienz
Ehrlichkeit	Humor	Respekt
Eingebung	Inspiration	Risikobereitschaft
Emotionalität	Integrität	Ruhe
Empathie	Klarheit	Sanftmut
Entscheidungs-	Konsequenz	Selbstachtung
freude	Kreativität	Selbstbestimmung

Selbstvertrauen	Toleranz	Wachsamkeit
Sensibilität	Treue	Weisheit
Sicherheit	Übersicht	Weitsicht
Solidarität	Unabhängigkeit	Willenskraft
Spaß	Unbestechlichkeit	Zielstrebigkeit
Standfestigkeit	Verantwortung	Zuverlässigkeit
Sympathie	Verlässlichkeit	Zuversicht
Tapferkeit	Vertrauen	

Und dann suche dir aus den zehn Werten drei aus.

1. ....
2. ....
3. ....

Diese drei Werte sind dein Kompass für alle Lebenslagen.
Vor jeder Entscheidung, vor jeder Handlung, vor jeder Reaktion und an jedem Morgen kannst du dich fragen:

> Dient es meinen Werten 1, 2 und (nicht oder!) 3?
> Handle ich wirklich danach, oder tu ich nur so als ob?

»So einfach?«, magst du vielleicht denken und dass du doch immer schon ehrlich, sensibel und zielstrebig bist. Aber: Würden wir alle nach unseren Werten leben, wären wir nur bedingt in Kontakt mit der Krise gekommen. Vielleicht hast du auch die Erwartungen an dich selbst immer und immer wieder nicht erfüllt, und das ist der Dünger für jede Krise. Du hast deine innere Kompassnadel ignoriert und staunst jetzt ein wenig, dass du in eine andere Richtung geschippert bist. Je weiter du dich von deinem eigentlichen »Wertekompass« entfernst, desto mehr fühlst du den Diskomfort in dir.

»Ab jetzt widme ich mich nur noch dem Licht!«, sagte Harun, ein ehemaliger Arbeitskollege von mir, und schaute mich mit seinem breiten Lachen an. »Ui …«, sagte ich vorsichtig, ich war etwas irritiert, wollte ihm aber seine gute Laune nicht verderben. Und was passiert in der Zeit mit dem Schatten?, dachte ich bei mir.

Einige Monate später sahen wir uns wieder. »Was habe ich falsch gemacht, Anastasia?!«, fragte er verzweifelt. »Warum bin ich nicht zufrieden, obwohl ich mich doch bewusst entschieden habe, das Glas nur noch halbVOLL zu sehen?«

»Weil es nicht darum geht, sich zwischen Licht und Schatten zu entscheiden, sondern es geht um deine Werte und wie du dein Leben danach ausrichtest.«

Meine Antwort gefiel ihm ganz und gar nicht, sie kam ihm viel zu einfach vor. Er sagte, er hätte seine Werte klar vor Augen und würde auch danach leben. Und wenn nicht, dann wäre das seine bewusste Entscheidung. Dazu fällt mir Paul ein.

Paul ist ein guter Bekannter von mir, der viel Wert auf Ehrlichkeit legt und seinem Bauchgefühl vertraut, die Meinung anderer Menschen ist ihm dabei ziemlich egal. Das ist zumindest das, was er von sich selbst glaubt.

Als sich Paul von seiner Freundin trennt, kommt das für alle sehr überraschend, und zu den Gründen kann er selbst auch nicht viel sagen. So nach und nach kommt dann heraus, dass er diese Entscheidung getroffen hat, weil er sich von seinem Vater extrem unter Druck gesetzt fühlte. Angefangen hatte alles ganz harmlos, als sein Vater ihm erzählte, dass der Nachbar neulich beim Kaffee gefragt hatte, warum Paul mit Ende dreißig immer noch nicht verheiratet wäre und keine Kinder hätte.

Der Vater packte seine Erwartungen noch in weitere Geschichten und Bemerkungen, die Paul so belasteten und in die Enge trieben, dass er sich am Ende aus einer funktionierenden Beziehung löste, weil sie diese Ansprüche nicht erfüllen konnte.

Warum ich dir das erzähle: Zwischen Paul Selbstverständnis und seinem tatsächlichen Handeln liegt eine riesige Kluft, die ihn langfristig unglücklich machen wird. Denn immer dann, wenn wir das eine sagen, aber etwas anderes machen, steht unsere Seele etwas verwirrt dazwischen und flüstert ein irritiertes: »Hä …?! Was zur Hölle ist denn nu' schon wieder los?!«

Hätte Paul sich bewusst gemacht, was tatsächlich seine Emotionen sind und was lediglich die Reaktion auf die Aussagen des Vaters ist, dann hätte er sich selbst und dem Ruf seines Herzens folgen können. So gelangte er in das kindliche Muster zurück und beugte sich (unbewusst) dem Willen des Vaters, obwohl alles in ihm danach rief, sich endlich aus diesem Netz zu befreien.

Ich würde jetzt so gerne sagen, dass ich es draufhabe und meinen Werten immer zu hundert Prozent treu bin. Leider nicht, denn sonst wüsste ich an dieser Stelle ja gar nicht genau, worüber ich spreche. Ich verrate auch hin und wieder meine Werte und schäme mich anschließend dafür, zum Beispiel treffe ich mich manchmal mit Menschen, die glauben, dass wir befreundet sind, und traue mich nicht, klarzustellen, dass ich das anders empfinde. Auch sage ich viel zu oft »Alles okay«, obwohl gar nichts okay ist und ich vor Wut koche. Ich schäme mich, zugeben zu müssen, dass ich schon mal lächelnd »Ich dich auch!« gesagt habe, obwohl ich es nicht so fühlte. Aber du weißt ja inzwischen: Veränderung ist ein Prozess, und ganz abgeschlossen ist er nie.

Es ist aber schon mal sehr gut, überhaupt zu wissen, welche Werte man hat, oder sich mal wieder daran zu erinnern, was einem wirklich wichtig ist.

Dass du ein großartiger Mensch bist, daran habe ich keine Zweifel. Im Gegenteil. Doch möchte ich dich ermutigen, zu beginnen, DEIN Leben zu leben, deine Werte in deinem Herzen auszubreiten und ihnen zu lauschen.

Du schuldest niemandem etwas, du musst niemand anders gefallen.

Lediglich du und dein Herz – ihr müsst in Einklang kommen.

DARF ICH DIR MEIN TSCHÜS ANBIETEN?

Wenn du den Kompass nach deinen Werten ausrichtest, gewinnst du auch nach außen Integrität, deine Entscheidungen werden klarer, und du kannst dich auf das konzentrieren, was wirklich für dich wichtig ist in deinem Leben. Das beinhaltet aber auch, dass du dich von manchem verabschieden musst: von Dingen, von Träumen und leider auch von Menschen.

Mein Schulfreund Alex und ich hatten eine derart intensive Beziehung, wie sie sonst nur in Büchern vorkommt und von der jeder sagte: »Das ist echte Freundschaft!«

Wir lernten uns an meinem ersten Schultag in Deutschland kennen. Damals konnte ich kaum Deutsch außer: »Mein Name ist Anastasia Umrik« und »Ich muss mal«. Doch Alex und ich verstanden uns auch ohne viele Worte und hatten von Anfang an Spaß zusammen. Er nahm mich so an, wie ich war, in seiner Nähe musste ich mich nicht verstellen. Als die ersten Hänseleien aufgrund meiner mangelnden Sprachkenntnisse, meiner Pausbäckchen und meiner uncoolen Secondhandkleidung losgingen, nahm Alex mich als Einziger in Schutz und verteidigte mich vor der ganzen Klasse.

Bei seinem ersten Anruf in den Ferien gab er sich als »Sandra« aus, und ab dieser Minute waren wir beste Freunde.

Was uns verband, war nicht allein die Tatsache, dass wir beide Migrantenkinder waren, eine Behinderung hatten und deshalb auf einer Sonderschule landeten (wo wir definitiv fehl am Platz waren). Es waren vielmehr das stille Wissen um die Ausgrenzung, die wir beide in vielen Lebensbereichen erfuhren, die uns zusammenschweißte, und die große Wut auf unsere Lehrer, die unsere Träume kleinredeten und uns in eine Schublade steckten, aus der wir nur schwer wieder herauskamen.

Ob ich für ihn eine gute Freundin war, weiß ich nicht, aber ich gab mein Bestes. Ich war damals oft launisch und ließ meine Wut an ihm aus. Aber ich war da, wenn er mich brauchte, war ihm gegenüber loyal und ehrlich.

Über Alex kann ich ganz sicher sagen, dass er ein richtig guter Freund war. Er war zuverlässig, rief mich fast jeden Abend nach der Schule an, in den Ferien sowieso. Wir trafen uns an der Alster und sprachen stundenlang über alles, was uns bewegte. Einige dachten, wir wären ineinander verliebt, aber das waren wir nie. Es war die reinste, ehrlichste Freundschaft, die ich je hatte.

Ein paar Jahre später: Ich bin Anfang zwanzig, sitze auf dem Balkon meiner ersten Wohnung und genieße die Stille des sommerlichen Abends. Neben mir flackert das Kerzenlicht, während ich meine zweite Zigarette an diesem Abend rauche. Alex hasst es, wenn ich rauche, und er will einfach nicht glauben, dass ich nur am Abend und auch nicht jeden Tag rauche. Was mich wiederum aufregt. Überhaupt spüre ich eine immer größere Distanz ihm gegenüber. Er studiert, wohnt aber noch zu Hause, hat wenig Freunde, geht nie aus. Ich dagegen bin hungrig auf das Leben, will reisen, die Welt erobern. Ich gehe viel raus, an die Uni, feiern, lerne viele neue Leute kennen. Neue Freunde kommen in mein Leben. Sie sind nicht besser als Alex, aber sie kennen nicht die »alte« Anastasia, die in der Schule gemobbt wurde, die wenig Aussicht auf ein »normales« Leben hatte und für die sich keiner interessierte. Sie sehen in mir nicht »die Behinderte aus der Sonderschule«, sondern eine Kommilitonin, mit der man gute Gespräche führen und gut feiern gehen kann.

»Na, du? Wie ist die Lage? Sehen wir uns bald mal wieder?« Eine SMS von Alex. Ich lese die Nachricht mehrmals, zünde meine dritte Zigarette an und lege dann mein Handy beiseite. Ich will alles Alte hinter mir lassen, und Alex ist leider Teil davon. Dafür kann er nichts, und ich auch nicht.

Auf seine Nachricht habe ich niemals geantwortet.

Das Ende unserer Freundschaft kam einem Liebeskummer gleich. Ich litt wirklich wie ein Hund, und noch heute denke ich oft an Alex und die Zeit mit ihm zurück. Aber die Entscheidung damals war die richtige: Wir hatten uns alles gegeben, was wir uns geben konnten – unsere Freundschaft hatte ihre Zeit, und die war nun vorbei.

Etwas später passierte mir das noch mal, nur diesmal waren es keine Freunde und Freundinnen, mit denen ich eine tiefe Verbindung hatte. Es kam quasi über Nacht und wollte nicht mehr gehen: das Gefühl, dass meine Freunde nicht mehr zu mir passten. Ich traf mich mit ihnen und fühlte mich danach ausgelaugt, müde, erschöpft, leer. Immer wenn wir uns sahen, hatte ich das Gefühl, ich muss eine bestimmte Rolle spielen, damit ich sie nicht allzu sehr verwirre und sie mich mögen. Sie kannten mich als eine erfolgreiche Aktivistin, als eine, die die

Welt verändern will, als jemanden, der sich nichts sagen lässt und die immer »unheimlich cool« ist.

Doch das stimmte schon lange nicht mehr. Ich fühlte mich weder cool noch motiviert, sondern eher rastlos und verwirrt, ich wusste nicht, wohin mit mir und wer ich eigentlich bin. Intuitiv wusste ich, dass es nicht die richtigen Menschen waren, denen ich hätte erzählen können, was sich in mir augenblicklich alles wandelt, womit ich mich auseinandersetze und wonach mein Herz ruft. Ich spürte, sie würden es nicht verstehen.

Und ich hatte keine Lust mehr auf die ganzen Oberflächlichkeiten, die uns verbanden. Den Zynismus und Sarkasmus, mit dem wir uns über die Unsicherheit anderer lustig machten. Ich wollte mehr Tiefe, wollte die Menschen verstehen lernen, um sie vielleicht unterstützen zu können. Plötzlich fühlte ich eine tiefe Verachtung gegenüber dieser etablierten Arroganz in meinem Freundeskreis, da war so viel Feigheit dahinter. Ich distanzierte mich von ihnen und entschied mich, lieber einige Zeit allein zu sein, statt weiterhin so zu tun, als würde ich mich in dem Freundeskreis wohl fühlen.

Vielleicht nickst du gerade innerlich, weil dir dies bekannt vorkommt und auch du dich aus einigen Freundschaften trennen möchtest, dich aber nicht traust, weil dich irgendetwas zurückhält. Manchmal ist es noch schwieriger, sich aus Freundschaften zu lösen als aus Liebesbeziehungen.

Warum ist dies so?

Nach meiner Beobachtung basieren die meisten langjährigen Freundschaften auf dem stillschweigenden Versprechen: »In guten wie in schlechten Zeiten!«, was ja an sich sehr schön ist. Doch inwieweit entspricht das der Realität oder ist beeinflusst von einem sehr idealisierten Bild von Freundschaft?

Besonders Mädchen und Frauen haben DIE beste Freundin zu haben, mit der sie bei Liebeskummer eine Eiscremepackung teilen, die ihnen beim Kotzen die Haare aus dem Gesicht hält und die sie – ganz selbstlos natürlich – mit dem attraktivsten Boy der Stadt verkuppelt.

Was für ein Bullshit! Spätestens seit sich im Bus deine damalige BFF nicht neben dich, sondern neben ein anderes Mädchen gesetzt hat, das gerade besonders fame in der Klasse war, hast du kapiert, dass es unter besten Freundinnen nicht immer nur nett zugeht, sondern auch Eigennutz, Neid und Eifersucht herrschen. Und alle Freundschaftsbänder, Freundschaftsbücher, Freundschaftstattoos schützen nicht vor einer handfesten Freundschaftskrise.

Auch ich möchte eine gute Freundin sein. Eine mutige. Ich möchte die Freundin sein, die wegen des Liebeskummers der besten Freundin ihre Familie an Weihnachten versetzt und mit einem Pizzakarton auf dem Rücksitz zu ihr fährt, um mit ihr »Schokolade zum Frühstück« zu gucken, zu heulen und im Pyjama Rock 'n' Roll zu tanzen. Eine Freundin, die man mitten in der Nacht anrufen kann, die sich dann sofort auf den Weg macht und wenig Fragen stellt. Eine, die einfach da ist. Ich möchte von mir selbst behaupten können, dass ich meinen Werten in einer Freundschaft immerzu treu bleibe.

Doch mal ehrlich – bin ich nicht manchmal auch eine wirklich doofe Freundin? Alles in mir schüttelt mit dem Kopf, tippt auf die Stirn und pöbelt:»Nee, nee, nee! Ganz bestimmt nicht!«

Doch es fängt zum Beispiel bereits damit an, dass ich mein

Handy in der Nacht auf lautlos stelle beziehungsweise im Flugmodus habe. Ich will schlafen. Ich will nicht gestört werden. Ich will nicht, dass mich jemand erreichen kann.

Liebe Freundin, ich schäme mich, aber: Ich werde nicht zu dir düsen, wenn du mich in der Nacht anrufst. Denn du wirst mich gar nicht erst erreichen. (Das zu schreiben, ist mir richtig unangenehm!)

Auch bin ich nicht immer ehrlich zu Menschen, die denken, dass wir Freunde sind, während diese Beziehung für mich bereits »ausfranst« und ich insgeheim hoffe, dass es sich einfach irgendwann verläuft. Ich melde mich selten, ich habe selten Zeit. Ich finde Gründe, warum wir uns – leider, leider! – wieder nicht treffen können. Ich bin so was von unfair! Das weiß ich. Das passt nicht zu meinen Werten. Und doch finde ich nicht immer den Mumm, es geradeaus zu kommunizieren.

Wer weiß, wie viele ehemalige Freunde wegen mir und meinem Verhalten bereits in eine Krise geraten sind? Wer weiß, in wem ich das Gefühl ausgelöst habe, nicht gut genug zu sein?

Du siehst, auch ich sehe mich mit dem Widerspruch, zwar zu wissen, was gut ist, was ich eigentlich tun müsste, und es trotzdem aber nicht immer tun zu können, konfrontiert.

Doch zurück zum Thema Loslassen. Ein weiterer Grund, warum wir an ausgelebten Freundschaften festhalten, könnte sein, dass Freundschaften zur Gewohnheit werden können. Ihr kennt euch lange, ihr wisst vieles übereinander. Ein Ende der Freundschaft wäre schlicht und einfach schade um die investierte Zeit. Natürlich spielt auch die Angst vor dem Alleinsein eine Rolle, so wie dies häufig bei Trennungen in Liebesbeziehungen der Fall ist. Du fühlst dich zwar zu zweit einsam, aber gibt es einen

Garanten dafür, dass es nach der Beendigung der Freundschaft oder Beziehung besser wird und du neue tolle Freunde oder einen neuen tollen Partner triffst? Höchstwahrscheinlich wirst du dich sogar nach der Trennung erst einmal noch einsamer fühlen. Aber dafür gibt es dann wenigstens einen guten Grund: Du bist nämlich tatsächlich alleine. Während Einsamkeit in einer bestehenden Freundschaft oder Beziehung, wie ich finde, weitaus schlimmer ist, weil sie dich dich allein fühlen lässt, obwohl du es gar nicht bist.

Eine unverblümte Frage, die eine schnelle Klärung in Sachen Freundschaft bringen kann: Treffe ich den Menschen aus Freude und freien Stücken oder aus Langeweile und Pflichtbewusstsein? Fühle ich mich nach dem Treffen leer oder energiegeladen?

Vielleicht sollten wir aufhören, Freundschaften als etwas Selbstverständliches zu sehen, als etwas, das zu laufen hat. Lasst uns jede Begegnung als etwas wahrnehmen, das wie ein selbständiges, lebendiges Wesen ist und seine eigenen Regeln befolgt. Kein Freund und keine Freundin kann gezwungen werden, dieser Bezeichnung würdig zu sein, und keiner von uns darf in den Käfig einer Freundschaft gesteckt werden.

Vor einem muss ich dich in diesem Zusammenhang aber dennoch warnen: Wenn in mir etwas Neues wächst, entsteht oder erblüht und/oder aber etwas Altes stirbt, dann bin ich zunächst ein wenig überfordert. Dann zeigt sich der Stress, der daraus entsteht, oft in meinem Umgang mit meinen Mitmenschen. Doof, aber ehrlich: Ich kann sie dann alle nicht mehr leiden.

Ich mag meine Eltern nicht, ich finde meine Freunde ätzend und meine Beziehung öde. Meine Kolleginnen sind mir zu anstrengend, ich bin genervt von meinem Nachbarn, und dem Typ vor mir im Supermarkt, der so langsam vor sich hin schlurft, würde ich am liebsten in die Hacken fahren. Keiner kann es mir recht machen – und ich mir selbst auch nicht. Ich mag die anderen nicht, weil ich mich selbst nicht leiden kann.

In diesen Phasen wäre es natürlich fatal, sich von allen Freunden zu trennen. Deshalb ist es sehr wichtig, dreimal tief durchzuatmen und sich dann klarzumachen, warum genau mich diese Freundschaft aktuell belastet. Ist es etwas in mir, oder haben wir uns tatsächlich auseinandergelebt? Verstehen wir uns einfach nicht, oder raubt mir diese Freundschaft unverhältnismäßig viel Energie?

Um zurück auf Alex und den Anfang dieses Kapitels zu kommen, möchte ich eine vielleicht etwas provokante Frage in den Raum stellen: Was ist, wenn ihr euch nur aus dem Grund begegnet seid, um vieles gemeinsam durchzumachen, dies aber nun eben durch ist? Was wäre, wenn ihr alles, was ihr euch zu geben hattet, schon gegeben habt? Wäre da eine Trennung ohne Streit und ohne einen nennenswerten Grund nicht sogar fairer, weil ihr damit dem natürlichen Fluss einer nährenden Begegnung vertrautet und dem Wissen, dass, wenn da wenig kommt, dann auch nichts mehr da ist?

Schön gesagt, magst du denken, wenn ich die bin, die die SMS nicht beantwortet und die entscheidet, dass die Freundin, der Freund nun seine Schuldigkeit getan hat und gehen kann. Aber was ist, wenn ich auf der anderen Seite sitze und warte?

Ich habe es auch tatsächlich schon andersherum erlebt. Bei

meiner Freundin Mila. Sie war anders als ich. Geradeaus war ihr Weg, obwohl ihr auch das Drama bekannt war, gab sie sich dem nur selten direkt hin. Mila wusste immer, was sie will, und bekam es dann auch. Sie war lauter als ich. Wenn sie den Raum betrat, lag die ganze Aufmerksamkeit auf ihr. Kompromisslos traf sie ihre Entscheidungen und beendete Freundschaften, wenn sie keinen Nutzen in ihnen mehr sah. »Irgendwann bin ich dran«, das wusste ich schon immer. Es gab aber keine Anzeichen dafür, im Gegenteil – ich durfte sogar ihre Trauzeugin sein.

Doch Mila hatte einfach ein anderes Verständnis von Freundschaft als ich. Für sie war Freundschaft wie ein Sushi-Band: Die einen kommen, die anderen gehen, und sie legte sich das auf den Teller, was sie brauchte und worauf sie Lust hatte. Ich dagegen sehe mich eher neben einer Person auf einem Weg, mal unterstütze ich sie, mal sie mich. Eine Begleitung, mit der man eine Tüte Haribos teilt und dabei über Insider kichert, über die inneren Knoten diskutiert und sie damit entwirrt.

Ich habe Mila geschrieben und versucht, mit ihr Kontakt aufzunehmen, sie zu sehen und ihr persönlich zu sagen: »Ich vermisse dich, Freundin! Und du?« Doch sie antwortete mir nie wieder.

Ich vermisste Mila sehr viele Monate. Doch wie es so oft mit vermissten Menschen (außer die Person stirbt) ist, vermisst man das, was einmal war.

Bei Mila musste ich mir eingestehen: Den Menschen, an dem ich so sehr festhalten wollte, den gibt es so gar nicht mehr. Er hatte sich verändert. Ich vermisste etwas Altes.

Wir alle kennen wundervolle Geschichten von Freundschaften, die vom Kindergarten bis zur Rente gehalten haben, von Liebesbeziehungen, die gute und schlechte Zeiten durchlebt haben, von einträchtigen Familien, von richtig gewählten Berufen, von perfekt gelegenen Wohnungen. Ein Teil in uns hat genau diese Sehnsucht: Harmonie, verlässliche Beziehungen und ein Lebensumfeld, in dem alles passt. Die Veränderung ist dabei aber nicht eingespielt.

Denn wenn wir uns verändern, wachsen, entfalten – dann verändern sich unsere Bedürfnisse, Sichtweisen und auch unsere Interessen. Es ist leider nur selten möglich, dass die Entwicklung zweier Individuen auf dieselbe Art und Weise geschieht. Wir müssen uns gegenseitig freigeben, damit wir eine Chance haben, uns eventuell wiederzutreffen – als neue Menschen.

Ich weiß, noch kannst du es vielleicht nicht sehen, aber jeder Abschied macht auch Platz in dir. Die entstandene Leere fühlt sich wie ein Loch an, wie eine bodenlose Einsamkeit und Traurigkeit. Doch erst dann bist du in der Lage, dir klarzumachen, womit du den leeren Raum in dir gefüllt haben willst. Jeder Abschied öffnet die Möglichkeit für etwas Neues, Schönes. Etwas, was so riesig ist, dass du dich nicht getraut hast, es in seiner gesamten Größe wahrzunehmen.

Falls du jetzt denkst: »Hmm, aber was ist, wenn ich ERST überlege und das Neue aussuche und DANN etwas Altes herausschmeiße? Dann bin ich der unangenehmen Leere entgangen!«

Sehr clever! Doch das geht leider nicht. Denn erst wenn du den Mut findest, das Alte vor die Tür zu setzen, hast du beide Hände frei, um nach dem Neuen zu greifen.

Das Leben ist eine Aneinanderreihung von Abschieden. Nein, lass es mich anders ausdrücken: Das Leben besteht aus Neu-beginnen. Manchmal hilft vor einer Entscheidung zum Ab-schied die schlichte Frage weiter: Stärkt es meine Kraft oder meine Ohnmacht?

Abschied nehmen und loslassen ist schwer. Weil es Widerstand provoziert. Ungewissheit auslöst. Schuld. Aber man kann es auch etwas einüben. Ich möchte dich ermutigen:

> die Klamotten aus deinem Kleiderschrank zu schmeißen, in denen du dich noch nie wohlgefühlt hast (obwohl sie schön oder teuer oder beides sind).
> dich in deiner Wohnung umzuschauen: Was würde dein Wohlbefinden stärken, eine andere Farbe, neue Stühle, frische Blumen?
> mitten in einer Veranstaltung aufzustehen und zu gehen, wenn du merkst, dass sie dir nichts bringt (selbst wenn es der Grillabend bei deinen Schwiegereltern ist).
> die Menschen aus deinen privaten Kontakten zu streichen, bei denen es dich nicht interessiert, was in ihrem Leben los ist. (Sei ehrlich!)

Das alles sind kleine Abschiede, an denen man üben kann, konsequent im Sinne des eigenen Wohls zu entscheiden. Dann kann man sich an größere Abschiede heranwagen. Von Menschen, die dir weismachen wollen, es sei schwer, dich zu lieben. Von dem Lebensplan, von alten Ideen, wie es sein muss, von Menschen, die dich aufhalten und dich nicht in der Ent-faltung unterstützen, von alten Strukturen und auch von dem

Selbstbild, das nicht mehr deiner echten Identität entspricht. Von deinem alten Ich. Du veränderst dich gerade – lass es zu.

Werde zu der Person,
die du bist

DON'T EVER BE AFRAID TO SHINE.
REMEMBER, THE SUN
DOESN'T GIVE A FUCK
IF IT BLINDS YOU.

(UNBEKANNT)

VERZEIHEN UND AUFATMEN

Um sich entspannen zu können und die Kraft zu haben, den Neubeginn geschmeidig zu wuppen, führt kein Weg daran vorbei, mit Dingen, die man anderen oder sich selbst immer wieder in Dauerschleife vorhält, abzuschließen. Die Vergebungsarbeit zu leisten, ist eine Entscheidung für sich. Für das eigene Leben. Für die innere Freiheit. Und doch hört es sich immer einfacher an, als es tatsächlich ist.

Ich habe sehr viele Situationen erlebt, die sich wie ein Faustschlag mitten ins Gesicht anfühlten, über einige habe ich hier bereits geschrieben. Nicht immer kam ich »nur« mit einem blauen Auge davon. Immer und immer spulte ich die verletzenden Sätze ab, ging durch die Situationen, die mir einst den Atem raubten. Du darfst mir glauben – ich tat alles, um zu vergeben. Ich sagte in Gedanken: »Ich vergebe dir!«, ich zündete ein kleines Feuer an und verbrannte darin den Zettel, auf dem ich die Verletzung in Worte verpackt hatte. Ich dehnte mich und rief: »ICH BIN FREI!« (Jaja, ich lache ja selbst darüber.) Genützt hat das alles nichts!

Als ich etwa 15 Jahre alt war, sagte mein Vater mal scherzhaft zu mir:

»Welcher Mann wird dich schon lieben? Warum sollte er?

Du kannst weder aufräumen noch kochen, nicht mal deine Arme bewegen, nichts!«

Er fand das lustig und kicherte dabei. (Als ich ihm diesen »Messerstich« viele Jahre später vorwarf, konnte er sich daran absolut nicht mehr erinnern und entschuldigte sich mehrmals dafür.)

Doch für mich passierte in dem Moment etwas Schreckliches: Mit diesem Satz hörte ich die Tür meines Herzens ins Schloss fallen. Es blieb für mehrere Jahre unter der Verriegelung – selbst ich kam da nicht mehr dran. Ich lebte, übertrieben gesagt, herzlos.

Es vergingen einige Jahre, ich lebte »ganz okay« in meiner ersten Hamburger Wohnung, ging feiern, tat so, als wäre ich glücklich. Ich wurde erfolgreich, sichtbar, wurde plötzlich von Fremden bewundert. Doch ich lebte im Nebel, das Leben fand woanders statt – aber wo, konnte ich nicht herausfinden. Wie so oft fand ich nicht die Wurzel meines getrübten Fühlens.

Eines Nachts hatte ich einen Traum, der alles in mir veränderte: Ich sah mich nackt auf einem Berg stehen. Um mich herum viel Nebel, es war sehr kalt. An meinem Körper klebte eine schwarze Masse, es war ein Gemisch aus Öl, Dreck, Ruß … Ich traute mich nicht, mich zu bewegen. Was soll das alles …?!, dachte ich.

»Befreie dich daraus. Zieh es von der Haut ab«, hörte ich eine Stimme aus dem Off und bekam dazu Erinnerungen wie auf einem Bildschirm präsentiert, die mich mehr verletzten, als es mir bewusst war. Die abschätzigen Kommentare gegenüber meinem Körper, meiner Person, das Auslachen, die Ausgrenzungen …

Ich begann, das eklige Zeug von mir zu pulen. Ich wusste im

Traum, dass mir dafür eine Nacht niemals reichen würde, und hatte Angst, dass ich aufwache und nie wieder diese »Chance« bekomme, dass ich verdammt dazu bin, mit dem alten Dreck auf meiner Haut zu leben.

So lernte ich intuitiv zu meditieren, ohne je mehr über den Begriff gehört zu haben. Erst später begriff ich, dass es weitaus mehr ist als nur ein simples »Om, peace and harmony«. Es ist eine Möglichkeit, das Bewusstsein an Orte zu bringen, an denen die Heilung geschieht.

Ich reiste fast einen Monat lang auf diesen Berg und zog Abend für Abend den Dreck von mir ab. Auch beim Duschen dachte ich an diese neue Erfahrung und stellte mir vor, wie ich noch mehr davon mit dem Wasser von mir abwasche.

Ich begriff abermals, dass der Körper in die inneren Prozesse miteinbezogen werden möchte und auch muss, damit es nachhaltig bleibt. Es nützt kein »freier Geist«, wenn die Zellen die Verletzungen gespeichert haben. Sie müssen transformiert werden.

Der allererste Schritt in Richtung Vergebung ist es, zu erkennen, dass die Coolness nicht mehr angebracht und auch nicht nötig ist. Setz deine Sonnenbrille ab, du brauchst sie nicht mehr. Fühle die uralten Wunden, um sie dann endlich ein für alle Mal verschließen zu können.

Auch wenn wir es gern anders hätten, Verzeihen ist keine einmalige Angelegenheit. Es ist ein längerer Prozess mit sehr vielen kleinen Schritten. Und es funktioniert an einem Tag besser und am anderen schlechter. Im besten Fall kommt es am Ende zu einer Aussöhnung, oder du wachst eines Morgens auf und merkst, dass es plötzlich »gut« ist, die verletzenden Ereignisse an Kraft verloren haben und du sie einfach stehenlassen kannst.

Wenn wir bereits als Kinder schwere Krisen durchmachen mussten, tragen wir oft noch viele Jahre später eine unsichtbare Last auf unseren Schultern, nicht selten verbunden mit Vorwürfen, Groll und sogar Hass gegenüber Eltern und anderen Menschen. Wir geben ihnen die Schuld für unsere Neurosen und Ängste, mit denen wir uns aufgrund unserer Kindheitserfahrungen nun rumschlagen »müssen«.

Ich kann es sehr gut verstehen, ich kenne es zu gut. Ihre Fehler, ihre Schwächen, ihre Überforderung, das alles hat uns geprägt. Doch ihnen die »Schuld« für unser Leben zu geben, ist mir zu einfach. Ich sehe das inzwischen auch positiv. Ich ärgere mich nicht mehr über meine »blöde« Kindheit, meine Eltern, meine Lehrer*innen, unfähige Wegbegleiter*innen, sondern weiß inzwischen ganz gut, warum sie so gehandelt haben und dass es ihr Defizit war und nicht meins. Das hat mich stabiler fühlen und werden lassen. Vielleicht ist es ein bisschen wie mit dem Fahrradfahren. Wer Krisen bereits als Kind kennenlernen »durfte« oder, besser gesagt, sie hautnah erfahren musste, der kann im Erwachsenenalter herausfordernden Situationen »geübter« begegnen oder sich zumindest auf die Erfahrung stützen, dass man nicht an jeder »Pupskrise« gleich zerbrechen wird. Vorausgesetzt natürlich, man hatte die Möglichkeit, sich mit den »Krisenbereitern« von damals auszusöhnen.

Solltest du eine harmonische Kindheit gehabt haben – Gott sei Dank! Wie oben schon gesagt, sind es auch nicht immer die riesigen nach außen hin sichtbaren Klopper, die nachhaltig verletzen können. Manchmal reichen kleine Dinge, die uns fassungslos im Regen stehen lassen. Wenn man sich nicht darum kümmert, dann werden die uns immer wieder piksen und vielleicht sogar zu immer größeren Wunden anwachsen.

Ein Verzeihen ist kein Gefallen, den wir den anderen tun, indem wir sie »aus der Schuld entlassen«. Es ist die Erlaubnis an uns selbst, aufzuatmen, leicht zu werden und unser Leben wieder selbst in die Hand zu nehmen.

Ich möchte dich an dieser Stelle auch ermutigen, dich bei anderen Menschen zu entschuldigen, wenn du meinst, dass deine Worte oder Taten sie verletzt haben. Auch wenn du die Schuld nicht (nur) bei dir siehst oder aus deiner eigenen Verletzung heraus um dich geschlagen oder dich verteidigt hast, hab keine Angst davor, dir die Blöße zu geben oder abgewiesen zu werden. Ruf den Menschen an, schreib ihm eine Mail und sag: »Du, das, was passiert ist, das tut mir leid. Entschuldige bitte.« Lass den anderen wissen, dass es dich immer noch beschäftigt, auch wenn es vielleicht Jahre zurückliegt. Unabhängig davon, wie deine Message aufgefasst wird, wirst du innerlich aufatmen. Du wirst fühlen, wie sich etwas in dir »setzt« und du friedlicher wirst.

Wenn du den anderen verziehen hast und auch selbst um Verzeihung gebeten hast, musst du auch lernen, dir zu vergeben. Das ist für viele Menschen tatsächlich die schwerste Übung, sich selbst von der Schwere der eigenen Schuld zu entlasten.

Vielleicht hast du Trennungen vollzogen, die jemand anders zerbrochen haben. Du hast anderen Seelen beim Zersplittern zugesehen, doch statt zu helfen, hast du nachgetreten. Aus dem Nichtwissen heraus. Aus der Unerfahrenheit. Aus Feigheit. Aus der Sorge heraus, jemand würde dir zu nahe kommen und dich womöglich verletzen, hast du andere verletzt.

Du hast hin und wieder deine Werte verraten und gegen das gehandelt, was du eigentlich bist, wer du sein möchtest.

Vielleicht warst du nicht immer gut zu dir selbst und hast einen Umgang mit dir erlaubt, der unter keinen Umständen akzeptabel ist. Vielleicht bist du oft – zu oft – über deine Grenzen gegangen oder hast andere darüber passieren lassen. Wer weiß, vielleicht hast du gegen dein Gefühl und die Stimme deines Herzens gehandelt, bist mit Bauchschmerzen ins Bett und hast es doch ignoriert ... aus Angst, aus der Scham heraus.

Du hast dich selbst geohrfeigt und dir das Glücklichsein untersagt, denn du dachtest, es steht dir nicht zu. Glück war für dich etwas, das man sich verdienen muss, und du – du bist kein guter Mensch, du hast zu viel kaputt gemacht und zu viele Menschen enttäuscht.

Während ich das schreibe, fühle ich deine Last und deine Traurigkeit, obwohl wir uns noch gar nicht kennen. Lass mich dich vorsichtig und sanft berühren, lass uns zusammen die Gefühle kommen lassen, und vielleicht, wenn du magst, können wir auch zusammen weinen.

Und dann sage ich dir: Es ist vorbei, weißt du? Du konntest damals nicht anders handeln, weil dir das Wissen von heute dazu fehlte. Es war nicht anders möglich. Du darfst dich selbst aus dem Käfig entlassen, die Tür ist offen. Hab Mut zur Gnade mit dir selbst. Vergib dir und werde leicht.

Vielleicht denkst du jetzt, dass ich als selbsternannte Krisen-
expertin gar keine Ängste mehr habe. Das ich »angekommen«
bin und in einem Zustand des immerwährenden Glücks
schwebe. Dem ist leider nicht so. Und es ist auch eine Illusion,
dass es irgendwann ein Angekommensein geben wird.
Krisen wird es in deinem Leben immer wieder geben. Irgendwann habe ich kapiert, dass eine Krise kein dunkles Loch
ist, in das man fällt, sondern eine durchaus produktive Lebensphase, in der die Seele Luft holt.

Nicht alle Krisen, die ich durchlebt habe, waren existenziell,
doch sie alle hatten eine Gemeinsamkeit: Sie gaben mir die
Möglichkeit, mein Leben zu hinterfragen und neu zu justieren.
Das kann aber nur gelingen, wenn wir ihnen nicht ohnmächtig
ausgeliefert sind und uns entsprechend gewappnet haben, um
in diesen schwierigen Phasen noch die Kontrolle über unser
Leben zu behalten.

Aber selbst wenn du die Krise fast schon durchschritten hast,
das Neue bereits für ein paar Momente in deinen Händen
hältst, kann es passieren, dass du einen Rückschlag erlebst. Du
fällst in alte Rollen und Muster. Du sagst Dinge, für die du
dich im Nachhinein schämst. Es ist manchmal so, als würde
dich jemand »fremdsteuern«, und du fragst dich: Warum?!
Weil es bequemer ist, nach den Mustern zu entscheiden, die
man kennt. Ganz egal, wie blöd das »Alte« war, es ist unwichtig, wie unglücklich man in diesen Strukturen und Gefühls-
lagen war – es ist trotz allem wie ein Gefühl des Nach-Hau-
se-Kommens. Hier ist man sicher, auch wenn man eigentlich
doch woanders sein will.

Wie oft sagen wir Dinge, die uns gar nicht mehr widerspiegeln, einfach weil wir es immer auf eine bestimmte Art und Weise gesagt haben? Und warum handeln wir noch immer viel zu oft gegen unser Wissen, mit der stumpfen Überzeugung und einer Prise verzweifelter Hoffnung, dass es beim »nächsten Mal« wirklich alles anders, besser sein wird? Es ist paradox und doch so logisch.

Ein neues Leben mit allem, was dazugehört – neue Entscheidungen, neue Wege, neue Gedankenstrukturen und ja, sogar neue Gefühlsmuster –, all das muss erlernt und automatisiert werden und in deinem Leben, in deinem Körper und auch in deinem Herzen seinen Platz einnehmen.

Das Ergebnis des Wandels, dein neues Ich, ist wie ein schüchternes Wesen, es muss sich zunächst vergewissern, dass du es wirklich ernst meinst mit dem Wandel. Dein neues Ich muss sich in den unterschiedlichsten Situationen ausprobieren. Das Leben testet dich auf deine Integrität und auf deine eigene Wahrheit.

Bist du »rückfällig« geworden, dann warst du nicht vollkommen bei dir, nicht wahrhaftig und nicht im Einklang deines äußeren und inneren Lebens. Du warst nicht bewusst bei deinen ausgesprochenen Worten und den Gedanken, die deine Gefühle in eine bestimmte Richtung bewegt haben.

Es ist auch total okay, wenn du an dieser Stelle zunächst eine Pause einlegen magst von dem Wandel, dem Weg aus der Krise. Es passiert nichts wirklich Schlimmes, wenn du dich heute für deine alten Muster entscheidest, einfach weil du noch nicht willst, noch nicht anders kannst. Weil dir der Wandel so riesig und »gefährlich« erscheint.

Doch lass es bitte bei einer kleinen Pause bleiben, einem Aussetzen der Runde. Und dann geh weiter.

Ein Schritt nach dem nächsten, ich weiß, dass das nicht einfach ist. Nicht weil wir es erst lernen müssen, im Gegenteil. Wir tragen in uns alle dieses Gefühl und wissen, wie es funktioniert, und auch, dass es viel gesünder für unseren Körper und unsere Psyche ist. Aber es braucht Übung, dem Prozess des Wandels zu vertrauen, und Kraft, um sich gegen mögliche Widerstände von außen zu behaupten. Es dauert, bis wir gelernt haben, dass die wahre Macht in uns ist. Und dass wir in diesem Leben nur frei sein können, wenn wir bereit sind, eindeutige Entscheidungen zu treffen und uns nicht ablenken zu lassen.

Wenn die Zeiten herausfordernd sind, gehe in kleinen Schritten weiter. Blicke dich nicht allzu oft um. Tu, was du tun musst, aber erlaube dir die Langsamkeit. Denke nicht daran, was übermorgen passieren könnte, denn du weißt es heute nicht. Du wirst es aber wissen – übermorgen halt.

Wische Staub. Sortiere deinen Kleiderschrank aus. Reinige die Küchenschränke von innen, höre dabei deine Lieblingsmusik. Schreibe einen Brief. Einen Liebesbrief vielleicht. Koche dir dein Lieblingsessen. Tu dir etwas Gutes.

Fühlst du das? Siehst du das? Schon jetzt bist du nicht mehr die Person wie vor drei Minuten – weil du neue Gedanken denkst, neue Ziele gesetzt hast, und vielleicht hattest du in den letzten Minuten DIE Erkenntnis und Lösung, mit deren Hilfe nun alles anders sein wird.

Du gehst vorwärts, Schritt für Schritt. Jetzt noch einen, und dann darfst du eine Pause machen. Lobe dich selbst und sei stolz auf dich und deinen Weg. Dann machst du noch einen Schritt. Einen kleinen. Dir fällt es gar nicht auf, wie weit du schon bist, wie groß und fest deine Schritte geworden sind. In nur wenigen Monaten kannst du dich in einer ganz anderen Situation befinden – mental, spirituell, finanziell, beruflich oder privat. Behalte dein Ziel im Auge und mach einfach weiter. Du wirst kaum merken, wie du in die Antworten deiner einst gestellten Fragen gewachsen bist. Du wirst die Antworten deiner selbst bald für alle leben können.

Konzentriere dich auf die kleine Flamme, während du von dem riesigen Feuer träumst.

Es ist auch völlig okay, dass es dir manchmal nicht gut geht, und du kannst das auch offen sagen: »Mir geht es heute nicht gut. Ich habe GAR keine Lust auf Veränderung heute!« Dann fällt schon mal die Last von dir, dich verstellen zu müssen und dem Anspruch, alles immer im Griff zu haben, entsprechen zu müssen.

Manchmal, wenn ich am Abend eines schlechten Tages ins Bett gehe, kreist das Sorgenkarussell endlos in meinem Kopf, und ich frage mich, wie ich das alles schaffen soll – und überhaupt, wozu das alles? Inzwischen weiß ich aber, dass das zu nichts führt, außer zu einer schlaflosen Nacht und einem übermüdeten Start in den nächsten Tag. Also habe ich ein Mantra entwickelt, das ich in solchen Situationen anwende. Es lautet:»Heute Abend gibt es nichts mehr zu entscheiden und zu lösen. Heute Abend darf sich mein Körper erholen. Ich darf jetzt schlafen und mich erholen.« Die eigene Präsenz wahrzunehmen, macht mich augenblicklich ruhiger und stärker und stoppt dieses destruktive Chaos im Kopf.

An manchen Tagen verpassen wir einfach auch die richtige Ausfahrt von der Landstraße und müssen deshalb ein paar Kilometer mehr fahren, eine Runde extra. Manchmal kommen Chancen und das Glück schneller, als man denken kann, da kommt man nicht immer hinterher – da tut eine zweite Chance gut, sie ist berechtigt und mindestens genauso verdient. Vielleicht sollten wir wieder mehr uns selbst in diesem Heckmeck feiern. Sich diese Wechselbadpalette zu erlauben, statt dagegen anzugehen und sich dafür zu schämen. Lasst uns gut mit uns umgehen und uns nicht immer gleich wie ein Versager fühlen. Es ist total normal, dass diese Stadien schneller wechseln, als man blinzeln kann.

Die Krise ist eine Begegnung mit sich selbst. In ihr kommt eine tiefe Sehnsucht zum Ausdruck: der Wunsch, endlich in die Selbstermächtigung zu kommen und die Wahrheit zu leben, die man tief in sich verspürt.

Vielleicht hast du noch nie in deinem Leben so viel gelernt wie jetzt. Es tut weh, durch den Fleischwolf deiner lang ignorierten Themen gedreht zu werden. Du nimmst eine neue Form an, wirfst Altes von dir ab, du triffst Entscheidungen, du räumst auf, du packst deine Sachen – bald geht es los. Schon bald wird dein Leben anders sein. Ganz anders!

Du merkst, dass gerade Dinge passieren und sich wandeln, die du kognitiv nicht greifen kannst. Und genau hier beginnen der Wandel und die Heilung:

Wir müssen nichts Neues lernen.

Wir dürfen lernen, uns zu erinnern – denn all das Wissen und die Weisheit, was als Nächstes zu tun ist, sind bereits in uns. Wir dürfen lernen, dem zu folgen, uns selbst mehr zu vertrauen.

AM WEGESRAND ENTSPANNEN UND ATMEN

Ich weiß nicht, wie es dir augenblicklich geht, aber ich bin ziemlich platt. Komm, wir setzen uns an den Wegesrand und atmen einmal durch. Ganz schön viel passiert in der letzten Zeit, Mannomann!

Echtes inneres Wachstum passiert oft im Stillen, in den Pausen und im Fühlen des Jetzt. Du musst nicht immer die kommenden Schritte wissen. Kommt Zeit, kommt Rat – wird der nächste Schritt getan.

Ich mag das englische Wort »smooth«. Geschmeidig. Und ich mag auch das deutsche Wort »Langmut«. Denn es beschreibt etwas, das ein Schlüssel für Wandlung ist. Um das Leben nicht bloß zu leben, sondern zu erfahren, braucht es Zeit.

Ich finde es gerade angenehm, mit dir durchzuatmen und einfach mal zu sein. Mit der Handfläche durch die Wiese zu fahren und die kleinen Käfer zu beobachten, eine Limo zu trinken, sich mal zu strecken. Was wäre, wenn ich dir jetzt sage, dass es nichts zu tun gibt?

Gar nichts? Gar nichts!

Außer es taut, und die Kuh ist noch nicht vom Eis – ja, das

wäre blöd, dann sollten wir handeln. Alles andere darf für heute warten. Es ist okay, dass die Leichtigkeit und Freude heute nicht für alle sichtbar sind, dass dir die Sonne nicht aus dem Hintern scheint. Es ist okay, dass alle strebsam tun und »im Hier und Jetzt« sein wollen. Sollen sie doch. Du kannst heute nicht, und ich habe auch keine Lust, wenn ich ehrlich bin. Lehn dich mit mir einfach zurück und genieße dein Nichtwissen, dein »Kein Bock mehr«, deine Bequemlichkeit. Lass uns Schokolade essen, lass uns die gemütliche Jogginghose anziehen und bis in die Nacht Netflix-Serien gucken. Wen interessiert's?! Irgendwann ist es auch mal gut mit der Optimierung, mit der Verbesserung und der inneren Arbeit. Manchmal ist es auch völlig in Ordnung, einfach mal nichts zu tun.

Es gibt Tage im Leben, da wundert man sich schon, dass auch sie »das Leben« sein sollen, aber das sind sie. Und deshalb verdienen sie genauso viel Zuwendung von uns.

Ich weiß, deine Situation ist gerade nicht leicht, du stehst (noch) im Nebel, und es klart nur langsam auf. Du bist erschöpft vom Fragenstellen und bekommst nur selten Antworten.

Ein schwacher Mensch wäre schon längst davongelaufen, hätte sich einen leichten Weg (mal wieder) ausgesucht. Er hätte sich selbst und anderen eingeredet, dass »alles gut« sei. Er hätte so getan, als gäbe es keine Krise.

Du dagegen bist stark – du stellst dich deinen Schwächen. Du willst dich selbst nicht mehr belügen. Du willst mehr aus diesem Leben schöpfen. Du willst verstehen, du willst klar sein und du willst raus aus der Situation, die dir nicht mehr guttut.

Lass uns zusammen anerkennen, was war, was jetzt gerade

ist und was noch alles kommen wird. Lass uns die Augen zusammen schließen und zehn Minuten bewusst atmen und unseren Körper fragen, was er sich heute von uns wünscht. (Bitte, lieber Körper, sag Chips!)

Das Haus am wilden Meer

MANCHE LEBEN SO VORSICHTIG,
DIE STERBEN WIE NEU.

(NACH MICHAEL RICHTER)

DU BIST MUTIG!

Du bist vielleicht sogar einer der mutigsten Menschen, die mir je begegnet sind. Du widmest dich hier und jetzt deiner inneren Welt, deiner eigenen Wahrheit, und du traust dich, in deine persönliche Dunkelheit einzutauchen. Dass das sehr, sehr viel Mut erfordert, weiß ich aus eigener Erfahrung. Und mal ehrlich, wäre das ein Kinderspiel, würden es viel mehr Menschen tun. Doch die wenigsten tun es, sie bleiben lieber an der Oberfläche, gehen lauwarme Kompromisse ein, leiden still vor sich hin, als einmal innezuhalten und sich zu fragen: »Was zur Hölle mache ich eigentlich hier …?!«

Du aber bist in den Sturm getreten, und dann wurde es dunkel. Nun stehst du in der tiefsten Finsternis deines Ichs, bereit, dem zu lauschen, was sich zeigt. Dein Herz pocht laut, dein Atem geht schnell. Wie soll es auch anders sein, wenn der heftigste Wind und der Hagel auf deine Haut einschlugen und du nicht sehen konntest, wo du stehst und wohin du gehen musst?

Doch du hast es geschafft, dich in Sicherheit zu bringen, und bist zu dem kleinen Haus, das direkt am Meer steht, geflüchtet. Vom Regen bis auf die Haut durchnässt, bist du eingetreten. Die Tür war nicht abgeschlossen. Durch den heftigen

Sturm, ausgelöst von deinem Antrieb für den Wandel, ist der Strom ausgefallen, so dass die einzige Lichtquelle die vereinzelten Blitze in der Ferne sind.

Hier bist du sicher. Hier ist es warm und trocken.

Du bist alleine und doch nicht – alle sind mit dir, die dir wünschen, heil durch diese sehr besondere Nacht zu kommen.

Durch diese stürmische Nacht voller Magie.

Halte durch. Sitze und fühle so lange, bis die Spannung in dir langsam nachlässt. Versuche, all die Gefühle, die jetzt hochkommen, wie eine Welle eines türkisblauen Meeres zu sehen. Wissend, dass die Welle kommt, aber auch wieder geht. Sich auf die Welle freuen, sie begrüßen und sie wieder verabschieden. Mal ist es die Freude, mal die Trauer. Mal ist es die Wut, mal die Klarheit. All das bringt die Welle und trägt es wieder mit sich fort.

Dieses Häuschen gehört jedem, der durch seinen eigenen Sturm geht und zwischendurch einen sicheren Ort braucht. Ich war vor einiger Zeit auch hier und möchte dir ein kleines Geheimnis verraten: In der Kammer am Ende des schmalen Flurs steht eine kleine Truhe, in der ein paar Kerzen und auch Streichhölzer liegen. Du findest den Weg dorthin auch ohne Licht, gehe einfach an der Wand entlang. Ab und zu wird ein Blitz dir durch das Fenster ein wenig Licht schenken. Das Haus ist wirklich nicht groß, es kann dir nichts Schlimmes passieren. Vielleicht wirst du dir den kleinen Zeh anschlagen, das war's dann aber auch. Zünde eine Kerze an und gehe ins Wohnzimmer.

Der Wind bläst durch die Spalten der undichten Fenster, hinterlässt bei dir einen Kälteschauer am Rücken und versucht, deine gerade erst entflammte Kerze auszupusten. Lege schützend deine Hände um sie. So hat es der Wind schwerer, und du spürst die Wärme der Flamme. Behalte sie im Auge und achte darauf, dass dein Atem ruhig geht, damit du selbst dein einziges Licht nicht auspustest.

Wie lange du hier sein musst, willst du wissen. Das weiß ich nicht, es ist immer unterschiedlich. Ich kann dir nur aus meiner eigenen Erfahrung berichten, dass der Sturm sich legen wird, die Dunkelheit bleibt noch etwas länger. Wo willst du denn überhaupt hin?! Es gibt keinen Grund zur Eile.

Hey.
Es gibt gerade nichts zu tun.
Es gibt kein Ziel. Keine abzuhakende Liste.
Es ist Zeit, der Stille in dir selbst zu lauschen.

Ich weiß, es ist nicht leicht, aber bitte versuche, das Nichts, die Dunkelheit und das Geräusch des tobenden Ozeans vor der Tür zu genießen. Dieses Schweben im Nichtwissen durchzuhalten.

Okay – zumindest zu akzeptieren!

Das Nichts verdient es, gewürdigt zu werden, schließlich wird hier, in dem Unsichtbaren, all das geboren, wofür die Zeit reif ist. All das, was du in den letzten Monaten oder sogar vielleicht Jahren gesät hast, kommt jetzt zum Vorschein.

Womit hast du dich in den letzten Jahren beschäftigt?

Wohin bist du gegangen?

Was hast du gesät, was du jetzt ernten darfst?

Die Dunkelheit, die Einsamkeit kann eine Reaktion auf deinen Wunsch, »Glück zu fühlen« oder »ein Leben, das zu mir passt, zu führen«, sein. Es kann eine Antwort auf »Ich möchte mit mir selbst in Verbindung kommen« oder auf »Wie erfahre ich, dass meine Intuition wahr ist?« sein. Eine Transformation führt immer erst durch das dunkle Tal des Nichts. Es ist der Lauf der Dinge.

Wir vermeiden oft die Stille und fliehen vor dem notwendigen Schweigen, aus der Sorge heraus, in uns könnten neue Melodien erklingen und etwas zum Leben erweckt werden, was uns Angst macht, weil es unbekannt und geheimnisvoll ist. Etwas, womit wir nicht rechnen oder was wir längst begraben haben, weil wir dachten, so viel Glück steht uns nicht zu.

Doch in der Stille werden Entscheidungen getroffen, die innere Stimme wird besser gehört und um einiges besser verstanden. Hier werden Ideen geboren, und hier wird auch Abschied genommen.

In der Stille zu sein, bedeutet, allein zu sein. Dazu gehört Mut, sich selbst ehrlich zu begegnen. Sich selbst in den Arm zu nehmen und zu halten und das auszuhalten, was sich zeigt. In so einem Moment kann man sich selbst nicht belügen.

Ich weiß, wir wollen immer alles sofort wissen.

Was passiert jetzt? Was kommt als Nächstes? Worauf darf ich mich einstellen?

Doch die Antworten bleiben aus. Nicht weil sie uns keiner geben will, sondern weil sie wirklich noch keiner weiß. Aber weißt du, manchmal ist es auch eine enorme Freiheit, nicht zu wissen, was kommt. Nicht, wann der Bus kommt, nicht, wann der Regen. Wir wissen nicht, wo wir ankommen, nicht, wen wir auf dem Weg treffen werden. Das ist der Kern eines guten Seins: die Fäden in der Hand halten und doch nichts kontrollieren zu wollen. Sich dem Moment vollkommen hingeben und einfach mal schauen, was sich ergibt!

Vertraue der Energie, die dir Kraft gibt. Wisse, dass nichts passieren wird, das dich umschmeißt. Folge der Stille und den leisen Hinweisen in dir, die dir sagen, worin die Lösung für deine Herausforderungen liegt.

Schließe gleich, wenn du den letzten Satz in diesem Kapitel gelesen hast, die Augen und versuche, dir selbst zu lauschen.

Atme bewusst ein und aus. (Vier Sekunden ein, Pause, sieben Sekunden aus.)

Versuche, nichts zu denken, nichts krampfhaft in dein Bewusstsein zu holen, was noch nicht da ist.

Genieße dich und die Stille in dir.

Denn während du still und leise wirst, werden in deinem Herzen ganze neue Städte errichtet.

UND NU ...?!

Dieses Buch ist eine Erinnerung an das, was längst in dir lebt: die Freiheit, die Lebenslust, die unzähmbare Liebe.

Das Wunder kann den Weg zu dir finden, wenn du den Mut in dir weckst, die Selbstporträts, die du so viele Jahre gemalt hast, mit einem Mal zu vernichten und dich mit einem ruhigen Atem dem weißen Blatt zuzuwenden. Alte Rollen, alte Ideen, Überzeugungen, wie etwas zu sein hat – sie sind nun bereit zu sterben. Damit dein neues Ich geboren werden kann.

Wir brauchen alle Wunder! Aber wie können wir auf Wunder warten, ohne selbst eines zu sein?

Bitte glaub mir nicht alles blind und wink meine Aussagen nicht einfach so durch. Denn dann landen die Samen nicht in deiner Erde, sie verfliegen in der Luft, und dieses Buch wird neben anderen in deinem Bücherregal verstauben. Überprüfe alles! Hinterfrage für dich immer: »Stimmt diese Aussage für mich?«

Hier wirst du nichts Neues gelesen haben, und auch in den nächsten Zeilen wird nichts kommen, was dir wirklich neu ist.

Aber die Frage ist nicht, wie viel du weißt, sondern wie viel du von dem, was du weißt, wirklich fühlst und lebst. Je mehr dich etwas berührt – sowohl positiv als auch negativ –, desto mehr liegt darin die Wahrheit. Das zu verstehen, dauert manchmal einige Enttäuschungen und einige Krisen.

Alles, was du bis hierher gelesen hast, kann den Boden unter deinen Füßen neu bilden und der Nährboden für neue Samen sein. Es ist die Vorbereitung für das, was danach kommt: das Sein, in dem dein äußeres Leben dem glücklichen Inneren folgt. Dich wird mit einem stabilen Boden nichts mehr umwerfen, deine Wurzeln gehen tief in die Erde. Windhauch? Merkst du kaum noch. Sturm? Na und? Du wirst von Tag zu Tag, von Woche zu Woche sicherer werden, wenn du deinen Kurs hältst.

Falls etwas in dir gerade bebt oder du die Vibration sogar körperlich spürst, hab keine Angst. Es ist normal, dass die kleinen festgesetzten Partikeln sich von deinem verklebten Inneren lösen, und du spürst, etwas Großes hat sich in dir auf den Weg gemacht.

»Endlich!«, sagt der eine Teil in dir, während der andere nach Halt sucht, nach dem, was er schon kennt.

Es muss nicht sein, dass du nach der Krise dein altes Leben komplett über Bord schmeißt und deinen Beruf hinter dir lässt, deine Beziehung, deine Wohnung.

Wenn du aber innerlich nicht wirklich, ehrlich aufräumst, wird dir nichts helfen, dich besser zu fühlen. Es ist im Grunde genommen völlig egal, was du arbeitest, mit wem du zusammen bist, wo du wohnst. Es geht um dein Bewusstsein und um deine klare Ausrichtung. Wenn du klar darüber bist, was da geschieht, wenn du kein Opfer einer Situation bist und dich darin mehr als gut fühlst – dann führst du ein richtig gutes Leben.

Vielleicht willst du noch immer Menschen beeindrucken, die dir eigentlich egal sind, damit sie dich bewundern, während ein Teil in dir sagt, dass es falsch ist, was da passiert. Auch das ist okay. Jeden kleinen und noch so klitzekleinen Schritt würdigen, das ist Selbstliebe. Doch je mehr man weiß, je älter man wird, desto mehr kommt es auf die Bewegungen des Herzens an – dass man liebt und geliebt wird, dass man Freunde hat, dass man gerne lebt.

Wenn du denkst, es ist jetzt das Ende, dann sei dir sicher: Neubeginn ist immer erst der Anfang.

* * *

PS:
Während ich das Buch geschrieben habe, stand ich mit einem Fuß selbst in einer Krise und kann ehrlich an dieser Stelle zugeben, dass ich alles (!), was ich für dich geschrieben habe, selbst erlebt und durchlebt habe. Und ich lebe noch! Bin größer und stärker denn je. Trotzdem: Puh, das war heftig.

Was ich besonders gelernt habe während des Schreibens: Freunde sind wichtig. Austausch mit komplett fremden Menschen ist wichtig als Abgleich zur eigenen Realität. Genuss ist wichtig. Einfach mal liegen bleiben ist in Ordnung. Leichtigkeit lässt das Herz tanzen. Pure Wut befreit. Tränen sind schön. Man muss sich nicht bewegen können, um mit dem Hintern zur Lieblingsmusik zu wackeln. Die To-do-Liste rigoros durchstreichen, weil sie einfach EGAL ist, ist richtig gut! Sich hübsch zu machen, obwohl einen niemand sieht und bewundert, ist schön. Sex ist wichtig. Groß zu denken macht Spaß, kleine Schritte zum Ziel genügen aber. »Scheiß drauf!« zu sagen, löst den Kloß im Hals sofort. Grenzen zu ziehen, ist unabdingbar. Schlussmachen bringt mich nicht um. Das Herz offen und zart zu halten, ist keine Schwäche. Ich bin sicher. Ich bin nicht perfekt. Ich weiß so vieles noch nicht. Die Wahrheit ist nicht immer das, was ich fühle. Ich bin nur für meine Baustelle verantwortlich. Ich lasse mich nie wieder aufhalten. Ich liebe meinen Wahnsinn!

NACHWORT

Vor etwa zwölf Jahren begegnete mir auf einem Städtetrip nach Köln ein Mann namens Dan. Es war ein verregneter Freitagabend im April. Normalerweise bleibe ich bei so einem Wetter zu Hause im Warmen, doch weil ich schon mal in einer fremden Stadt war, wollte ich auch ihre Luft atmen. Ich ging in eines der angesagten Ausgehviertel und war schon nach wenigen Minuten bitter enttäuscht: Alle Lokale hatten mindestens eine Stufe, so dass sie für mich als Rollstuhlfahrerin unerreichbar blieben. Draußen waren die Tische leer – es war vielen einfach zu kalt.

Bis auf einen Herrn, der unter einem aufgespannten Schirm alleine an einem Tisch saß, Tee trank und genussvoll eine Zigarette rauchte. Er strahlte eine enorme Zufriedenheit und Ruhe aus, die ich so noch nie im »echten Leben« gesehen hatte.

Wie von einem Magneten angezogen, bewegte ich mich auf ihn zu.

»Darf ich mich zu Ihnen setzen?«, fragte ich ihn. Für mich als Introvertierte ist das ein sehr mutiger Schritt.

»Natürlich!«, antwortete er erfreut mit englischem Akzent. »In den Lokalen ist es mir zu voll und zu laut, deshalb sitze ich hier draußen. Ich freue mich über Ihre Gesellschaft.«

Dan war ein Mann um die siebzig Jahre, er arbeitete als

Psychotherapeut und Coach. Ein Mann mit viel Tiefe und Lebenserfahrung, Schalk im Nacken und Freude in den Augen. Obwohl zwischen uns etwa fünfzig Jahre Altersunterschied lagen, begegnete er mir auf Augenhöhe und war aufrichtig interessiert an meiner Sicht auf das Leben, an meinen Visionen und auch meinen Ängsten. Ich fühlte mich diesem fremden Mann sehr verbunden und – vielleicht zum ersten Mal in meinem Leben – im Kern meines Herzens erkannt. Ich durfte sein und musste mich in keiner Minute verstellen, musste nichts besser darstellen, als es wirklich war.

Diese Begegnung veränderte mein Leben. Nicht sofort, nicht für alle sichtbar, doch in mir begann etwas zu vibrieren, von dem ich nicht wusste, dass es das in mir überhaupt gibt. Unbewusst traf ich eine Entscheidung: Ich wollte so entspannt und stark werden wie Dan. Ich wollte Gefühle in mir zum Leben erwecken, die bereits für tot erklärt wurden. Ich fühlte: Ich trage das Potenzial in mir, ich kann das auch.

Ich gebe es zu, ich hätte nicht gedacht, dass der Weg zur Ruhe durch so viel Unruhe führen würde. Ich dachte, glücklich werden und es auch bleiben wäre leichter. Immer wieder begegnete mir die Frage:

»Wie geht dieses ›Leben‹? Wie geht es mit dem aufrichtigen Glück und dem ungewollten Unglück? Wie kann ich meine Wunden verschließen und heilen lassen, ohne sie zu verleugnen? Wie lauten die Formeln, um gar nicht erst in eine Krise zu gelangen? Gibt es jemanden, der mir zeigen kann, wie das hier alles funktioniert?!«

Ich suchte nach den Antworten und hielt Ausschau nach Weggefährten, die mich darin unterstützen könnten.

Wir brauchen alle Vorbilder! Wir brauchen Menschen, die uns in unserem Kern erkennen, uns genug Raum für unsere eigenen Erkenntnisse und Entwicklung geben. Menschen, die nicht aus ihrem Ego heraus ihre eigene Meinung und Vorstellung, wie ein »gutes« Leben zu sein hat, über uns stülpen und so tun, als wäre ihr Wissen die ultimative Wahrheit und Lösung für jeden Menschen.

Denn das Leben und die Entwicklung jeder Persönlichkeit sind bunt, vielfältig und manchmal recht eigen. Manch einer von uns braucht eine Extrarunde durch den Nebel, mancher muss sich beide Beine brechen, und andere wiederum wollen auf Biegen und Brechen die Autobahn überqueren, statt einfach die darüberliegende Brücke zu nehmen.

Wir entwickeln uns am besten durch Kontakt im Miteinander, im Gespräch und im ehrlichen Austausch. Es gibt nichts Heilenderes als die Erfahrung, dass man sich in Anwesenheit bestimmter Menschen nicht verstellen muss, dass man akzeptiert wird – mit allen Seiten, die man so hat.

Einer meiner Wünsche ist es, so zu sein und zu leben, dass ich ein positives Vorbild bin, ein lebendes Beispiel dafür, wie die Verkörperung der Leichtigkeit und des nicht aufgesetzten Glücks aussehen kann. Ich möchte niemals »so tun als ob«, weder vor den anderen noch vor mir selbst. Ich möchte, dass du meine Wahrheit fühlst, wenn ich dir über meine Erlebnisse berichte, dass du meine Sanftheit spürst, meine Wut wahrnimmst und sie dennoch nicht als »bedrohlich« empfindest. Ich wünsche mir sehr, dass du mir glaubst, wenn ich dir sage, dass ein (nachhaltiger) Weg aus der Krise möglich ist. Ich bin ihn mehrmals – auf unterschiedlichen Wegen – gegangen.

Wenn du magst, schreib mir deine Geschichte, deine Gedanken und berichte mir, was das Buch mit dir gemacht hat. Welche schlafenden Teile in dir haben die Augen aufgeschlagen und verlangen nun nach deiner Aufmerksamkeit?

Und jetzt: Viel Freude und Mut bei deinem ganz individuellen Weg in die Freude und einem Leben, das zu dir passt.

DANKE

An dich, meine kleine großartige Schwester, die meine Krisen nie allzu ernst nimmt, weil du die Überzeugung in dir trägst, dass eh alles gut wird. Kein Wesen (neben unserer Katze natürlich) tut mir so gut wie du. Wenn du da ist, wird mein Herz immer ein Stück weicher, und es öffnen sich Räume in mir, die lange verschlossen waren.

Für dich gab es noch nie Zweifel und somit wurden meine immer weniger. Du hast mir Dinge vorausgesagt und somit, unbewusst, ein Tuch aufgespannt, damit ich mir im Falle des Falles nicht weh tue. Danke, dass du mich erkennst. Danke für deine Zartheit und deine Sturheit, dass du mich immer wieder daran erinnerst, worum es geht. Ohne dich gäbe es mich schon längst nicht mehr. Danke.

Annika, meine allerliebste Freundin, danke, dass du jeden Erfolg und Misserfolg mit mir feierst. Du warst da, als es mir schlecht ging, und ich einfach nur stumm gegen die Wand schaute. Du bist geblieben, obwohl ich nichts zu geben hatte. Danke, dass ich deine Freundin sein darf.

Danke an meine Eltern, die sich oft Vorwürfe anhören mussten und mich dennoch immer sehr liebten. Mama, danke, dass du immer wieder betontest, wie sehr ich dein Wunschkind war und wie sehr du auf mich gewartet hast. Papa, obwohl du Schwierigkeiten hast, deinen Stolz direkt zu zeigen – aber allen Menschen, ob sie es wollen oder nicht, erzählst, wie toll deine beiden Mädchen sind –, Danke schön! Danke für alle die Krisen, für all die Liebe und all das Leben! Ihr habt mir beigebracht, stark zu sein und es zu bleiben.

Danke an Daria, Ann-Kristin, Hannah, Julia, Patricia, Niko: Ihr hinterfragt meinen Wahnsinn nicht, ihr reitet mit mir diese Welle. Ihr fiebert mit, ihr weint mit mir und lasst die Champagnerkorken knallen. Ihr seid die, die da sind, wenn ich in mir immer kleiner werde. Ihr stellt nicht zu viele Fragen, das ist manchmal besser. Ihr seid mein bester Realitätsabgleich, und manchmal – das ist gut! – nicht immer objektiv in der Beurteilung. Danke für eure Wahrheit und eure warmen Herzen.

Danke an alle, die mich durch ihre Krise inspiriert haben. Danke für euren Mist, eure Baustellen, eure Flucht, eure Wut und eure Panik. Danke für das Zeigen, dass es nicht den Weg X im Leben gibt. Danke für euren Mut.

Danke an meinen Körper, besonders meine Arme, die zu keinem Moment „gestreikt" haben, obwohl sie sehr erschöpft waren. Ich möchte meinem Herzen danken, das so unendlich stark ist, unzerbrechlich und doch so sanft. Ich bewundere es, wie es manchmal weinte und sich dennoch mutig in den Sturm warf, weil es die Reste der Hornhaut endgültig von sich abwerfen wollte. Ich danke meiner Seele, die an all den bisher erlebten Krisen nicht aufgegeben hat. Ich könnte das ja nicht!

WOHIN KANNST DU DICH IM AKUTFALL BEI EINER KRISE WENDEN?

Wenn du dich in einer akuten Krise befindest, wende dich an deine dich behandelnde Ärztin oder deinen Arzt, die nächste psychiatrische Klinik oder wähle die Notarztnummer 112.

Hilfe in einer akuten Notlage bietet die Telefonseelsorge rund um die Uhr und kostenfrei:

Deutschland
Tel.: 0800 / 11 10 111
Tel.: 0800 / 11 10 222
www.telefonseelsorge.de
telefonseelsorge@diakonie.de
und das
Kinder- und Jugendtelefon
Tel. 0800 / 11 10 333
www.nummergegenkummer.de

Österreich
Tel.: 142
Rund um die Uhr
www.telefonseelsorge.at

Schweiz
Tel.: 143
Rund um die Uhr
www.143.ch

> Weitere Krisenanlaufstellen für Erwachsene sind:
> Sozialpsychiatrischer Dienste
> Psychosoziale Kontakt- und Beratungsstellen
> Psychiatrische und psychosomatische Ambulanzen
> Beratungsstellen
> Fachärzte und Psychotherapeuten

Kontaktdaten findest du leicht im Netz.

Lars Amend
Magic Monday
52 Gründe morgens aufzustehen
Band 03357

Magic Monday – Das Motivationsbuch
für die Generation Facebook!

Kennst du dieses unglaubliche Glücksgefühl, alles erreichen
zu können, und diese unendlich zerstörerische Traurigkeit,
die einen überkommt, wenn man nicht weiß, wie man diesen
Schritt, der noch fehlt, gehen soll?
Magic Monday ist deine Prise Motivation, dein täglicher Be-
gleiter, der dir in schwierigen Momenten zuflüstert: »Gib
jetzt nicht auf! Lebe deinen Traum. Denke immer daran:
Du bist auf der Welt, um glücklich zu sein.«

Das gesamte Programm gibt es unter
www.fischerverlage.de

fi 03357 / 1

Fränzi Kühne
Was Männer nie gefragt werden
Ich frage trotzdem mal.

»Herr Maas, Sie tragen meist Anzug und Krawatte – das ist Standard in der Politik, oder?« »Mussten Sie sich zwischen Kindern und Ihrem Start-up entscheiden, Herr Zeiler?« Warum klingen diese Fragen seltsam? Weil sie sonst nur Frauen gestellt werden.

Ich habe das am eigenen Leib erfahren, als ich jüngste Aufsichtsrätin Deutschlands wurde. Aber statt mich zu ärgern, habe ich mir einen Spaß gemacht und den Spieß einfach umgedreht: Jetzt stelle ich Männern all die Fragen, mit denen ich sonst konfrontiert werde. Das Ergebnis hat mich überrascht. Aber lesen Sie selbst…

240 Seiten, Klappenbroschur

Weitere Informationen finden Sie auf
www.fischerverlage.de

AZ 596-70582/1